Morceaux, citations & poésies, choisis, de mon voyage virtuel…

Un partage d'idées, d'expériences, de visions, de recettes sans craintes et sans calculs…

Patrick Louis RICHARD

Copyright © 2018/2024 Patrick Louis RICHARD

Tous droits réservés.

ISBN KDP : 9781719972987

Table des matières

Introduction 4
Voyages virtuels chez les pros ! 5
Voyages virtuels dans la vie réelle ! 58
Essais à la poésie 95
Citations pêle-mêle ou quand le cœur et la raison ne font qu'un ! 101
Conclusion 107
Remerciements 108
À propos de l'auteur 109

Introduction

Plusieurs de mes amis et de mes relations sur les réseaux sociaux m'ont invité à écrire un livre sur mon voyage virtuel, chez les pros et dans la vraie vie, notamment via mes publications : chroniques, billets, articles, posts, mais aussi via mes poésies, mes citations, écrites dans la spontanéité. C'est avec la même authenticité, volonté de partage, sans craintes et sans calculs, que je réponds aujourd'hui à leur invitation, mais aussi à celle que vous m'auriez envoyée si vous étiez à leur place.

Pourquoi sans craintes ? Parce que la crainte existe sur le virtuel et notamment les réseaux sociaux professionnels. Beaucoup n'osent pas écrire, apprécier, commenter parce qu'ils sont en poste, à la recherche d'un travail.

Pourquoi sans calculs ? Certains m'ont souvent dit, avec bienveillance pour la majorité d'entre eux, que j'aurais dû à maintes reprises tirer un avantage de mes partages d'expériences par exemple, que donner sans recevoir est certes généreux, mais pas dans les usages courants des gens du Business. C'était ne pas véritablement me connaître. Les retours que j'ai pu avoir sur mes partages m'ont donné bien plus de force, d'idées, de détermination, que si je les avais gardés pour les utiliser à des fins commerciales. J'ai rencontré, en résonnance à mes publications, des personnes magnifiques que jamais la vie n'aurait mises sur mon chemin, en dehors de mon voyage virtuel.

Vous avez envie de faire ou de refaire avec moi ce voyage ? Allons-y, les valises sont déjà prêtes !

Voyages virtuels chez les pros !

Ces mentors qui changent nos vies !

Cette chronique souhaite rendre hommage à ces personnes extraordinaires qui embellissent et enrichissent nos vies, en nous rendant meilleurs sur tous les plans : mental, physique, professionnel, privé, sportif, intellectuel.

Nous avons toutes et tous la souvenance de ces mentors, de ces pairs, qui, tout au long de notre vie, ont su nous faire grandir, parfois dans les heurts, la douleur, les pleurs, car quoi de plus dur que de faire prendre conscience à quelqu'un qu'il n'est pas sur le droit chemin, qu'il a besoin de s'améliorer, que ce qu'il fait depuis des années n'est plus d'actualité.

Deux exemples, extraits de mon vécu :

- Je me souviens de cette jeune femme, à l'accent bordelais prononcé ; brillante directrice de la Communication et du Marketing d'un grand groupe bancaire français, qui m'a maintes fois renvoyé à ma tâche, tant elle visait la perfection, notamment dans la correspondance écrite vers les prospects et les clients. Elle m'a transmis l'amour de l'écriture, du travail bien fait, du respect de ceux auxquels je m'adressais. Ceci n'a pas quitté mon esprit et a guidé la façon de me comporter, de voir les choses.

- Je me souviens aussi de ce vice-président d'un opérateur en télécommunications, extraordinaire d'intelligence et d'humanisme, qui voulait faire de moi un bon manager et qui n'a pas compté ni son temps ni son énergie, pour mettre de la tempérance et de la pédagogie, dans mes exigences toujours plus grandes, en termes de qualité et d'efficacité au travail. Ainsi, il a calmé ma fougue ; il m'a incité à réviser mes certitudes, à renforcer mon empathie et à respecter le rythme de chacun.

La vie m'a enseigné que n'est pas mentor qui veut. Un certain nombre de qualités et de circonstances doivent être réunies.

Contrairement au coach, le mentor n'est pas sollicité pour accomplir un travail d'accompagnement, sur une période donnée. Il s'agit bien souvent d'un manager, bienveillant, qui a su détecter un potentiel talentueux et y mettre tout l'investissement ainsi que toute la pédagogie, nécessaires au quotidien, pour le faire progresser, pour l'aider à atteindre ses objectifs et lui les siens. Ce qui n'est pas à la portée du premier manager venu et encore moins de ceux parachutés, sans avoir préalablement été formés au management.

L'expérience est importante, mais elle n'est guère essentielle. En revanche, les qualités humaines et de cœur le sont. Ainsi, il est impossible d'être un bon mentor sans écoute, sans empathie, sans volonté de comprendre avant d'apprendre, sans humilité ; mais également sans avoir réalisé un travail sur soi-même, en vue de mieux se connaître avant de chercher à mieux connaître les autres et de les aider à s'améliorer. Le maître doit être un exemple pour l'élève qui deviendra maître à son tour.

C'est d'un art, dont il s'agit, celui de façonner sans brusquer ; celui d'accompagner sans le faire voir ; celui de faire faire, tout en faisant. Le mentor montre et démontre. Il n'obéit à aucun code, à aucune méthodologie particulière, mais à une éthique. Il fait selon son instinct, selon sa pratique, selon l'élan de son cœur. Il est présent sur le terrain, ce qui le rend crédible. Nul ne peut « *mentorer* » sans inspirer la confiance, sans donner de garanties sur la solidité et sur la réalité de ce qu'il enseigne. De nombreux mentors ont gravi les échelons à force de patience, de courage, d'audace et de rigueur au travail.

Quelle magnifique mission de vie que la sienne : se mettre « *au service de* », en toute discrétion, en toute sagesse, en toute humilité en n'hésitant pas à se remettre en question, car un mentor ne sait pas tout, il apprend encore et toujours.

Aller au fond des choses, est-il un véritable atout au travail ?

Spontanément, la réponse est *« oui »* ; le rôle même de l'humain au travail, n'est-il pas d'essayer de toujours faire mieux, en comprenant et en corrigeant ce qui ne va pas, dans ce qui est réalisé ou demandé de réaliser ?

Pourtant, dans bien des situations professionnelles, la chose est loin d'être aisée !

Pour quelles raisons ?

⇨ Parce qu'il y a des managers qui n'attendent de leurs subordonnés qu'une exécution à la lettre des tâches et de leurs directives, avec une ouverture cependant aux idées d'améliorations sur lesquelles ils veulent, pour la plupart, garder la main et qu'ils ne se privent pas d'exploiter, dans l'intérêt de leur propre carrière ;

⇨ Parce qu'il existe des tâches à réaliser sans se poser des questions et des personnes à qui cela convient tout à fait d'être cantonnées, dans une stricte exécution ;

⇨ Parce que le contexte, l'environnement, les organisations, n'y sont pas propices. Le cas des structures en silos où les idées, les propositions, les suggestions, individuelles, ne peuvent s'exprimer, remonter, que dans le cadre de projets transverses ou de réunions où il est expressément demandé de le faire.

Cependant, comment être heureux et s'épanouir dans son travail, en étant freiné dans son habitude d'aller au fond des choses, de creuser, d'analyser en vue de mieux comprendre, d'améliorer et par conséquent de toujours chercher à faire mieux ?

Chaque métier, aussi pointu soit-il, n'est point figé, ouvrant à la possibilité d'améliorer en continu, individuellement et collectivement. Fort de ce constat, comment arriver à aller au fond des choses, malgré les freins évoqués ci-dessus :

- Agir égoïstement, donc pour soi. Des réflexions, des analyses, des identifications de pistes de progrès assorties de propositions, peuvent être conduites seul ou avec des collègues, sans passer par les managers, dans un premier temps. Face aux suggestions d'un groupe, ces derniers ne pourront qu'être à l'écoute ;

- Changer d'endroit, dans la mesure du possible. Rien de plus frustrant que de constater, que de savoir ce qu'il faut améliorer et ne pas pouvoir le faire ou aider à le faire. Se dire qu'il existe des environnements professionnels où cela est possible, où toute remarque, toute suggestion, toute proposition, trouvent des oreilles attentives et plus.

Que signifie exactement, aller au fond des choses ?

Une qualité zélée coûte cher en temps, en énergie et en argent. Idem quand il s'agit d'analyser et de comprendre, donc d'aller au fond des choses.

Aller au fond des choses, à enrichir par le vécu professionnel de chacun, consiste principalement :

- À chercher à bien comprendre, donc à aller le plus loin possible dans son niveau d'assimilation, de perception, avant d'émettre la moindre critique, aussi positive soit-elle ou suggestion. Proposer, sans avoir été au bout de son analyse, expose assurément à un risque de rejet et de perte de sa crédibilité ;

- À essayer de voir comment apporter sa pierre à l'édifice, sans pour autant remettre tout en cause, car il y a toujours du bon dans tout. Améliorer ce qui existe est une façon pragmatique d'aborder le changement ;

- À éviter d'être emporté par son propre savoir, par ses émotions, par ses convictions, par ses certitudes. Tout est dans l'art de le penser et de le dire, lorsqu'il s'agit de faire progresser. Et cette dimension très importante est intégrée dans « *Aller au fond des choses* ».

Aller au fond des choses est un véritable atout au travail, en connaissance de la façon de procéder, et ce, du constat à la mise en œuvre. Parfois, il faut savoir patienter, attendre le moment opportun.

Rien de plus efficace que de faire adhérer, pour avancer ensemble !

« À force d'aller au fond des choses, on y reste. » **Jean Cocteau**

Ce que j'ai appris et retenu de mes rencontres et de mes missions, avec des entrepreneurs !

Voici, en quelques lignes et en toute spontanéité, ce que j'ai retenu de mes rencontres et de mes missions, avec des entrepreneurs dans 12 secteurs d'activité différents :

Qui sont-ils ?

- Des génies passionnés qui ont notamment anticipé les besoins du marché avec des projets en lesquels ils étaient les seuls à croire, tout du moins au début. Comme cette magnifique société qui customise les PC ou cette autre qui installe des écrans LED, eux aussi customisés, dans le monde entier, sans compter cette autre qui est spécialisée dans les circuits d'eau et d'air, avec une expérience d'une immense richesse, alliant toutes les qualités attendues d'une structure à taille humaine ;

- Des entrepreneurs nés ; des gens qui, dès leur plus jeune âge, ont évolué dans le monde de l'entrepreneuriat, avec leurs parents, leurs proches, y ont même travaillé en tant que salariés. Un peu comme dans le monde du cheval, la passion se transmet à travers les générations ;

- Des gens qui, après un parcours dans le salariat, avec ou sans expérience, ont décidé de se lancer dans le grand bain, de partir à l'aventure, d'être leurs propres patrons.

Qu'ont-ils fait (hommes ou femmes) ?

- Ils ont fondé des start-ups, des sociétés dans lesquelles ils ont d'abord essuyé les plâtres, en occupant plusieurs fonctions à la fois ;

- Ils sont allés, pour la plupart, à la pêche aux investisseurs, après avoir prouvé, la solidité de leurs modèles économiques ;

- Ils se sont trompés et ont su apprendre de leurs erreurs.

Pourquoi, avaient-ils besoin d'être accompagnés, à un moment donné ?

- Beaucoup ont pris conscience de cela tardivement. C'est bien dommage, car quand on est le nez dans le guidon, rien de mieux qu'un regard externe pour voir ce qui n'a pas été vu ; notamment au niveau commercial et opérationnel, les deux points faibles les plus souvent rencontrés ;

- Ils avaient du mal à passer le cap de la croissance, autrement dit celui de ne plus travailler uniquement avec l'équipe pionnière ou fondatrice, mais avec une nouvelle équipe structurée ;

- Certains n'avaient pas complètement intégré qu'une entreprise ne constitue pas qu'un seul champ à explorer, à exploiter, mais plusieurs : celui d'une activité principale, ayant parfois des difficultés à être rentable, mais indispensable pour développer son chiffre d'affaires, sa base Client ; celui de la formation : transmission du savoir acquis, des meilleures pratiques et ce savoir est immense ; celui de la commercialisation, en masse, d'objets pas chers, en lien avec l'activité principale ; enfin celui des Ressources Humaines, loin d'être le moins important de tous ;

- Ils travaillaient de manière intuitive et comme cela semblait bien fonctionner, ils ne voulaient pas changer : ceci existe aussi dans les grosses structures, s'exposant ainsi aux dangers d'une concurrence plus agile, plus à l'écoute de l'innovation et de son marché ;

- Ils étaient accaparés par les tâches administratives et de gestion, hyper chronophages, sans compter le temps passé, lors des divers contrôles, à justicier leurs actions ; leurs écritures ; leurs stratégies quand ils en avaient, prenant, par conséquent, un retard, parfois considérable, dans leur développement ;

- Ils s'improvisaient, par la volonté de ne pas alourdir la masse salariale, dans plusieurs métiers à la fois et ceci pas toujours de manière heureuse, car à la base, ils n'en maîtrisaient vraiment qu'un ou deux.

Synthèse des enseignements :

⇨ Un entrepreneur ne doit jamais s'enfermer dans ses certitudes, à l'instar du commun des mortels ;

- Il doit veiller à assurer la continuité et la sécurité de son entreprise, en toute circonstance, autrement dit à ne pas la faire reposer uniquement sur sa personne ;

- Il se doit de structurer son entreprise pour être crédible, notamment vis-à-vis de ses clients, de ses fournisseurs, de ses investisseurs ;

⇨ Il doit être en mesure de prendre des décisions, en mettant l'affect de côté ;

⇨ Il ne doit pas attendre pour partir à la recherche de nouveaux investisseurs et pour les convaincre de ce que l'entreprise sera d'ici 5 ou 7 ans ;

⇨ Il doit attacher une grande importance à l'Humain qui est bien plus qu'une ressource, mais une richesse ;

⇨ Il doit développer son entreprise de façon continue, ambitieuse et éclairée ;

⇨ Il doit s'assurer de la parfaite complémentarité entre le Commerce et les Opérations, car derrière, il y a le Client, sans lequel aucune entreprise ne sait exister et durer ;

⇨ Enfin, il doit capitaliser sur l'agilité de son entreprise.

L'entrepreneuriat est avant tout une aventure humaine, au cours de laquelle il est indispensable de garder les pieds sur terre !

Chacun d'entre nous est capable d'entreprendre. Il faut oser se lancer, sachant que c'est en faisant que l'on apprend à mieux faire !

Tout l'Humain reste à réinventer dans l'entreprise, avec le Numérique !

Pourquoi ?

Tout simplement, parce que le monde de l'entreprise a besoin de sortir de la PEUR qui habite ses acteurs :

- ✓ Peur du changement ;
- ✓ Peur de faire, faute de savoir comment faire ;
- ✓ Peur de se tromper sur les choix technologiques et humains ;
- ✓ Peur de ne pas atteindre ses objectifs ;
- ✓ Peur de faire différent, tout en voulant être différent ;
- ✓ Peur de pointer les vérités, sans dénigrer ;
- ✓ Peur de bousculer son confort ;
- ✓ Peur du vide et de l'inconnu ;
- ✓ Peur de ne pas réussir…

Et de retrouver la CONFIANCE :

- ✓ Confiance à rechercher et à trouver son éthique ;
- ✓ Confiance à se réinventer au quotidien ;
- ✓ Confiance dans le parcours au fil de l'eau qui permet d'atteindre les objectifs et non pas dans les objectifs qui tracent à l'avance le parcours ;
- ✓ Confiance à apprendre, tout en apprenant aux autres ;

- ✓ Confiance en soi : jeunes et moins jeunes, diplômés ou autodidactes, expérimentés ou débutants ;
- ✓ Confiance à aller là où les autres ne vont pas ou n'iront jamais ;
- ✓ Confiance en cette solidarité et humilité, indispensables pour gagner et faire gagner...

De quelle manière ?

En commençant par vouloir et décider de le faire, comme si l'entreprise était une belle maison ; celle où nous nous sentons bien ; celle où nous sommes avec des gens bien ; celle où nous faisons des choses bien pour des gens bien ; celle où nous pratiquons avec des outils, des méthodes, des organisations, bien.

Et pour y entrer, passons par la porte du recrutement !

Que de choses à faire pour rendre le recrutement plus humain, plus équitable et plus équilibré, dans le rapport candidat/recruteur, à l'aide du potentiel extraordinaire du Numérique :

- Mettre fin au clonage de profil à poste ; de secteur d'activité à secteur d'activité ; de diplômes de grandes écoles à diplômes de grandes écoles ; à la braderie des salaires, sous couvert d'un marché de l'emploi tendu ;

- Donner de l'innovation et de la poésie aux annonces, même pour des postes de directeurs financiers ;

- Faire se rencontrer, comme pour une relation amoureuse ou amicale, le projet professionnel d'un homme, d'une femme avec celui de l'entreprise ;

- Ne pas hésiter à dire la vérité sur la situation réelle de l'entreprise et sur les comportements de ses managers ;

- Ne recourir qu'à bon escient à l'intermédiation dans le recrutement : chasseurs de têtes notamment, afin d'être toujours au plus près de son marché, de ne pas diluer sa culture du recrutement et sa culture tout court ;

- Préparer l'entreprise, les équipes à accueillir, autrement que via des emails envoyés au dernier moment, pour annoncer laconiquement l'arrivée des nouvelles recrues ;

- Ne pas claquer la porte au nez et à la barbe de la personne choisie, dès son arrivée, en la mettant en prise directe avec des collaborateurs dont l'entreprise connaît toutes les déviances, en particulier celles comportementales.

En synthèse, donner toutes les chances de réussir au recruté, sachant que les efforts d'adaptation, d'intégration, ne doivent pas être exclusivement faits par lui ou elle, mais également par l'entreprise et ses acteurs.

Par ailleurs, avoir de la considération, pour les candidats qui n'ont pas été retenus, est le minimum des égards dont l'entreprise, la marque, doit faire preuve.

Maintenant, que nous avons franchi la porte d'entrée et que nous sommes installés dans notre environnement de travail, découvrons en profondeur la maison, ses accueillants, son univers :

➤ Les Managers

Avec le Numérique, toutes les conditions sont réunies pour réinventer le Management et les managers, afin de faire de la salle de séjour un espace où il fait bon de vivre, parce que les accueillants sont au top de la compréhension et de l'accomplissement de leur rôle :

- Adieu aux managers oppresseurs ; bienvenue aux managers facilitateurs, déléguant sous contrôle, qui privilégient l'activité conduisant au résultat, par exemple avec l'aide d'une cartographie numérique dynamique des compétences et des performances, pointant là où se trouvent leurs équipes, à un instant T, collectivement et individuellement, sans avoir à parler de chiffres à longueur de temps : travail sur la durée, sur l'épanouissement, sans pression stérile ;

- Adieu aux managers fantômes qui noient leurs équipes sous une charge de travail, non évaluée et non suivie. Bienvenue aux managers capables de mettre en place, avec le Numérique, des outils interactifs pour suivre l'activité, la charge de travail au quotidien de leurs subordonnés : tâches projets, tâches récurrentes, en temps quasi réel et la monitorer ;

- Adieu aux managers qui se réveillent une ou deux fois par an, par obligation, lors des entretiens d'évaluation ; faisant perdre le peu de motivation qu'il restait à leurs équipes. Bienvenue aux managers qui interagissent en permanence avec elles, grâce à tous les applicatifs numériques à disposition.

➢ Les subordonnés ou les équipiers

Des êtres humains, venus de différents horizons, écrire une belle histoire, ensemble.

Certains vont dire, il y a les bons et les mauvais équipiers ; ceux qui bossent et ceux qui profitent ; ceux qui ont compris et qui en jouent ; ceux qui ont compris, mais qui ont envie d'aller au-delà, de se dépasser, de faire encore mieux.

Se réinventer avec le Numérique, en tant qu'équipier ou subordonné, en quoi cela consiste ?

- Savoir qui on est, avant de regarder qui sont les autres ;

- Voir et bâtir sa réussite professionnelle dans la justice et l'équité. Sur ce point, le Numérique peut aussi faire beaucoup ;

- Ne pas attendre de l'entreprise des réponses à ce qui relève essentiellement de la sphère privée ;

- Relativiser et s'organiser pour ne jamais être dépassé : gestion et arbitrage numérique des tâches ;

- Écouter les signaux de son corps ; entendre les murmures de son âme et vibrer à l'appel du large, pour vivre une nouvelle aventure, encore plus riche, encore plus fascinante et épanouissante : l'Internet et les réseaux sociaux sont de bons outils pour cela, des univers d'aide à l'évasion, au changement de cap.

➢ La façon de travailler

« Dis-moi comment tu travailles et je te dirais combien tu es efficace. »

Le moment est venu, pour nous, de quitter la salle de séjour et d'aller pour nous intéresser aux fondations de la maison, à ce sur quoi elle a été construite, du sable ou du béton. En langage de l'entreprise, analyser son organisation, de manière systémique et physique.

Qu'est-ce que cela suppose, concrètement ?

- Plus d'organisations en silo via un tsunami anti-clans, anti-baronnies, anti-comportements féodaux, mais des organisations à plat, par métier, avec des tâches transverses métiers : les maillons qui relient les métiers entre eux ;

- Plus de directions Support, mais des Business Unit Support à l'image des sites de production ou opérationnels, en contact direct au quotidien avec ceux qui sont leurs premiers clients ;

- La suppression des sièges sociaux, perchés dans des grandes tours, en les remplaçant par des structures à taille humaine et agiles ;

- Le blocage systématique des mails, des courriels, sur le même sujet, au-delà de deux, afin que les managers et les équipiers se déplacent, évitent des conflits stériles, aient des rapports humains et pas des rapports virtuels ;

- La réinvention des salles de réunion traditionnelles, avec l'ouverture d'espaces d'échanges improvisés humanisés, ailleurs qu'autour d'une table sur le modèle de celles des comités de direction, avec des réunions fleuves, véritables monologues parfois, en présence de participants qui ont la tête ailleurs, à leurs tâches récurrentes qui prennent du retard ;

- La chasse à la communication négative et anxiogène, du genre *« Ne pas oublier de faire ceci, de faire cela ; ne pas faire ceci, ne pas faire cela ! »,* mais aussi au narcissisme managérial, au satisfecit chronique, consistant à se borner à l'énoncé des bons résultats, alors que le mécontentement des clients est à son comble ;

- Mais aussi, la chasse à l'affichage de chartes pompeuses, communiquées partout, tels des règlements intérieurs, pour les remplacer par des échanges ludiques, réguliers, sur leur respect : *« Lâchez-vous, votre manager n'est pas derrière la porte ! »* ;

- Le recours parcimonieux au conseil, via des grands cabinets par exemple, à des études, à des baromètres, véritables gouffres financiers, pour, au final, ne rien dire de plus que ce que l'entreprise et ses acteurs savent déjà ; faire des propositions, aussi irréalistes que coûteuses ;

- Et pour le cas où l'entreprise est rattachée et doit reporter à une entité centrale, située à l'étranger, l'intégration de managers d'audace et de poigne dans les filiales, dans les représentations locales, afin de rappeler, en martelant si nécessaire, que même s'il détient le pouvoir de décision et l'argent, le *« Corporate »* ne doit jamais perdre de vue :

    ⇨ Qu'un pays, qu'une région, qu'une ville, qu'un village, sont une culture, des habitudes, des attitudes, des besoins différents ;

    ⇨ Que rationaliser est une bonne chose, mais pas au détriment de l'identité, des racines, de la culture, des structures locales.

En conclusion, le sujet de l'Humain, dans l'entreprise, est très vaste. D'ailleurs, nous n'avons pas visité la cuisine et sa quantité de bonnes recettes ; la salle à manger, le laboratoire d'expérimentation et d'excellence de ces bonnes recettes ; la chambre, le domaine du rêve et de la créativité et enfin la salle de bain, le lieu de détente et de prospective, pour penser demain dès aujourd'hui, dans un agréable bain moussant.

Quelle belle opportunité que celle offerte par le Numérique, pour que l'Humain se réinvente transversalement dans le monde professionnel, avec une entreprise qui ne sort pas de sa stratégie génétique : gagner et faire gagner beaucoup d'argent, mais qui, en même temps, crée de la richesse équitablement partagée entre tous, dans la modernité.

C'est maintenant ou jamais !

Si les fortes personnalités dérangent, les entreprises, peuvent-elles vraiment se passer d'elles ?

Quels étaient les traits marquants des fortes personnalités que j'ai croisées, durant mon parcours professionnel ?

- Elles n'étaient pas à prendre avec des pincettes. Dire tout haut ce que beaucoup pensent tout bas était un exercice aisé, mais également incontournable, pour elles. L'authenticité, la franchise, les vérités pas toujours bonnes à dire, en faisaient des personnes à fréquenter pour les uns et à éviter pour les autres ;

- Elles avaient horreur de tergiverser, allaient droit au but, car elles n'avaient pas de temps à perdre, dans des explications futiles ;

- Le bon sens et la simplicité faisaient partie de leur ADN ;

- L'Humain était leur priorité, les outils passaient après ; inutile de tenter de leur faire croire que CRM, ERP, applications Web, allaient leur rendre la vie plus facile. Tant que les utilisateurs finaux n'étaient pas satisfaits, elles estimaient que les outils n'étaient pas appropriés. Aussi, pas la peine de les harceler en leur demandant d'utiliser, elles n'obtempéreraient pas ;

- Elles avaient le sens de la dérision, ne se prenaient jamais au sérieux. Rien n'était plus important pour elles que de respirer leurs vies à pleins poumons ;

- Les clans, les alliances pour arriver à des putschs internes, elles ne mangeaient pas de ce pain-là. Il était inimaginable pour elles de lâcher la proie pour l'ombre ;

- Avec elles, cela passait ou cela cassait, car elles avaient l'honnêteté de dire ce qu'elles pensaient ; quitte à être sanctionnées, voire remerciées, pour insubordination ;

- Des idées de victoires rapides pour économiser des milliers d'euros, elles en avaient à la pelle et certainement pas pour les laisser moisir dans des tiroirs, tant elles maîtrisaient le *« comment faire »* ;

- Elles nageaient, comme des poissons dans l'eau, au sein des entreprises collaboratives ;

- Elles ne supportaient pas de voir leurs courriels de propositions d'amélioration à destination de leur hiérarchie rester sans réponse, avec en face des excuses, assez souvent tirées par les cheveux ;

- À l'honneur, à l'engagement, à la loyauté, à l'équité et à l'art du travail bien fait, elles étaient très attachées et pouvaient se mettre en colère, quand ils étaient bafoués ;

- Particulièrement exigeantes à l'égard d'elles-mêmes, elles l'étaient aussi à l'égard des autres ;

- C'était en véritables leaders qu'elles se comportaient ;

- Pure perte de temps de leur faire un speech de trois heures, pour leur expliquer ce qu'elles devaient faire ;

- Il fallait que cela bouge. L'immobilisme leur donnait la nausée. L'action, encore l'action et toujours l'action, était leur pain quotidien. Tout ce qui pouvait être fait, amélioré, modifié, transformé, devait l'être. Accomplir et rectifier le tir ensuite, si besoin, était leur mode de conduite, leur façon d'opérer ;

- Des copains, elles ne s'en faisaient pas beaucoup, notamment parmi leur hiérarchie qu'elles secouaient, comme un cocotier ;

- Derrière leur froideur qui contrastait parfois avec des émotions qui pouvaient partir en vrille, c'est un cœur d'or qu'elles avaient.

Il y aurait beaucoup de choses à rajouter sur les fortes personnalités, tant elles sont extraordinaires ; tant elles brillent par leurs différences.

Les entreprises, peuvent-elles se passer des fortes personnalités ?

Assurément, non !

Aussi, voici quelques règles à suivre, pour garder les fortes personnalités et pour obtenir les meilleurs résultats avec elles :

- Les respecter dans leur singularité, dans leurs excès comme dans leurs moments de sérénité, là où elles montrent toute l'étendue de leur talent, de leur ingéniosité ;

- Éviter de tenter de les manipuler, de leur faire prendre des vessies pour des lanternes ; d'user d'ego et de directivité avec elles. Cela ne marche pas ;

- Les prendre parfois par les sentiments, car écorchées vives, elles sont assez souvent, pour s'être construites à la dure école de la vie et des épreuves à répétition. Il est clair, par ailleurs, que les fortes personnalités n'ont guère envie de faire le moindre cadeau aux comportements *« borderline »*. Aussi, il est important d'être attentif à cela, pour arriver à travailler avec elles sur la durée.

Ayez des fortes personnalités dans vos entreprises, tout le monde y gagnera et largement ! C'est vrai qu'elles sont quelque peu chronophages, en particulier côté Ressources Humaines, mais tellement attachantes, quand on évite de les prendre de front et de les faire passer pour des vilains petits canards.

Enfin, il faut savoir leur donner leur chance !

Former, mentorer, tutorer, les dirigeants, les managers, sur la meilleure manière de gérer les fortes personnalités, ne constitueraient-ils pas une avancée certaine vers l'excellence et la pleine satisfaction, en entreprise ?

« Le monde n'appartient pas aux personnes à la limite du burn-out qui se lèvent tôt ou se couchent tard, mais à celles qui profitent de leurs longues nuits de sommeil, pour disposer de cette énergie et de ce dynamisme qui transcendent les équipes, donc l'Humain dans l'entreprise. »

L'authenticité, peut-elle être un frein à la réussite au travail ?

Pouvons-nous réussir, dans le monde du travail, tout en restant authentiques ?

Cette question, je me la suis posée à de nombreuses reprises, tout au long de mon parcours professionnel. Et je n'ai pas vraiment trouvé de réponse, unique et formelle.

Cependant, en creusant le sujet, j'ai identifié plusieurs réponses possibles.

Les voici livrées à votre attention et à votre réflexion, comme elles me sont venues :

- L'authenticité peut effectivement être un frein à la réussite au travail, car elle conduit souvent à dire la vérité, en particulier la nôtre ; vérité qui n'est pas toujours bonne à dire et qui peut sérieusement aller jusqu'à remettre en question notre avenir, dans l'entreprise ;

- L'authenticité témoigne, sans équivoque, de notre volonté de faire passer les intérêts de l'entreprise, avant les nôtres. Parce que c'est ainsi que nous voyons les choses et la réussite, en particulier. Seulement, voilà, ce n'est pas le schéma de pensée et la façon de procéder de tous, car il expose, met en risque. Agir, sans faire de vagues, pour se protéger ; pour plaire ; pour accomplir strictement ce qui est demandé, sans se poser de questions susceptibles d'être prises pour existentielles et ainsi participer, à la réussite de sa hiérarchie et à la sienne, par contrecoup, est la voie que la majorité choisit d'emprunter. Dans le paraître bien plus que dans l'être, comme si le monde du travail ne pouvait pas échapper à l'hypocrisie, au déni de soi ;

- L'authenticité cohabite difficilement avec le mensonge ; avec la manipulation ; avec les différents biais associés au lien de subordination. Elle peut être ressentie comme une agression ; un manque de respect, de discipline. Mais aussi, comme une attitude rebelle et les rebelles ne sont guère appréciés dans le milieu professionnel. Il convient d'être tels que l'employeur veut que nous soyons et pas tels que nous sommes vraiment. Les enjeux sont de taille et l'humain dans la vérité de son authenticité ne fait pas le poids. Tout est dans le jeu ; tout est dans la subtilité ; tout est dans la séduction ; tout est dans la superficialité. Un masque, un costume d'apparat, voilà ce que nous devons porter pour exister professionnellement. Laisser nos émotions, nos convictions, notre personnalité, au vestiaire, et leur délivrer un bon de sortie, quand les situations, les personnes, le permettent.

Aussi, comment nous en sortir, réussir, quand nous sommes faits de sensibilité, de justesse, d'équité, de sincérité, d'audace, d'empathie, de générosité, d'éthique ?

- Faire comme les autres, ceux qui réussissent, en oubliant qui ils sont, le temps de leur présence au travail. Particulièrement ardu, lorsque nous avons une personnalité bien trempée ; quand nous sommes entiers dans les paroles comme dans les actes ;

- Travailler sur soi afin d'être capables d'être différents au travail par rapport à dans la vie privée. Bien difficile encore, car les personnes authentiques ont beaucoup de mal à être des copies. Ils sont bruts de décoffrage, vrais ;

- Nous dire que le travail est pour vivre, couvrir nos dépenses, mais pas un lieu pour l'authenticité. L'accepter pour éviter de le perdre, ce travail, si important pour notre équilibre mental, économique et social. Tout en ayant conscience qu'il n'y a pas qu'au travail que l'authenticité peut porter préjudice. N'est-ce pas dans la nature humaine que de se construire une image, celle que les autres ont envie de regarder, d'apprécier, de suivre ? Combien de fois, nous voyons chez l'autre, ce que nous aurions envie de voir chez nous ; ce que nous n'avons pas su faire naître en nous ;

- Nous rapprocher des personnes authentiques, il y en a heureusement, afin d'être authentiques qu'avec eux et jouer avec les autres, la pièce qu'ils ont envie de nous voir jouer.

Mais forcer ainsi notre nature n'est pas chose durable. Un jour, elle nous pousse à agir, pour ne plus être une pâle copie de qui nous sommes. Alors nous décidons de fermer une porte pour en ouvrir une nouvelle ; en espérant qu'elle donnera plus de liberté à notre authenticité. Puis si cela ne fonctionne pas, changer de vie, d'objectifs de vie, de chemin de vie, n'a rien d'insensé, bien au contraire !

Authentiquement.

Le terrain ne se pilote pas, sans y avoir mis les pieds !

Qui opère au péril de sa vie ? Le soldat sur le terrain !

Que ferait-il, sans un commandement, au fait des tactiques, des parades à adopter et des pièges du terrain ?

Ce serait un désastre. Nul ne rentrerait vivant !

Et ceci vaut également, dans un tout autre registre, pour toutes ces femmes et ces hommes, magnifiques de cœur, de dévouement et d'esprit, qui veillent au quotidien à notre bonne santé ; à notre sécurité ; à notre instruction, etc., dans des conditions d'exercice de plus en plus difficiles, avec des moyens qui vont en s'amenuisant, alors que les besoins ne font que s'accroître.

Les décisions opérationnelles appartiennent aux personnes de terrain !

Combien de décisions sont prises, chaque jour, dans des bureaux par des gens qui n'ont jamais vu une unité de production ; un point de vente ; un client ; mis les pieds sur le terrain, tout simplement, là où la vraie vie se passe ?

Qui prend, systématiquement et directement, contact avec le terrain avant, pendant et après une ou plusieurs décisions, le concernant ?

Qui ose mettre son ego de côté, pour s'entendre dire que sa décision est complètement à côté de la plaque *« terrain »* ?

Qui a le courage et l'honnêteté d'avouer ses erreurs, faites avec le terrain ; erreurs qui coûtent des milliards d'euros aux entreprises, avec des processus, avec des outils, avec des méthodes, avec des organisations, rejetés par les opérationnels, tel un greffon dont on n'a pas validé la compatibilité ?

Combien de dirigeants, de managers, croient encore qu'une tête, bien faite et bien pleine, suffit pour briller sur le terrain ?

Beaucoup trop malheureusement !

Le monde de l'entreprise n'est assurément pas celui des bandes de copains, depuis les bancs des grandes écoles, mais celui des personnes de terrain, formées à l'école de la vie, qui n'ont pas peur de retrousser les manches et de mettre les mains dans le cambouis.

- ✓ Oui, le terrain, c'est fun ! Bien plus fun que de refaire le monde, à longueur de journée, dans un bureau, en tentant de justifier son titre et sa rémunération, par culpabilisation ou autre ;

- ✓ Oui, le terrain ne sait pas faire, sans le soutien stratégique, marketing, logistique, méthodes, outils, processus, financier, etc., des personnes, en retrait du terrain. Mais pour cela, encore faut-il que les gens, censés travailler pour lui, y mettent régulièrement les pieds ; n'inventent pas sa réalité, en vase clos ; ne décident pas en chambre ;

- ✓ Oui, le terrain a besoin de simplicité et de pragmatisme, parce qu'il n'a pas le temps de se faire des nœuds au cerveau. Il lui faut faire vite et bien ;

- ✓ Oui, le terrain est le meilleur endroit pour expérimenter, pour valider et pour déployer…

Aucune décision, concernant le terrain, ne peut et ne doit se prendre sans le connaître, sans l'avoir consulté, et même pratiqué.

Par ailleurs, il est judicieux de faire évoluer des personnes du terrain vers des fonctions support. Ainsi, elles sauront être les leaders qui éviteront de passer à la moulinette, des millions d'euros et des milliers d'heures projets, sans compter les dégâts sur l'humain, derrière.

Soyons, toutes et tous, terrain, car sur le terrain, se trouve l'essence même de toute aventure professionnelle : l'Humain, dans ses missions les plus valeureuses !

Les 5 erreurs qui empêchent de recruter des personnes compétentes !

Ce n'est pas faire un scoop que d'affirmer que les recruteurs sont, en majorité, à la recherche de personnes compétentes, pour occuper des postes ou assurer des missions, dont les descriptifs ne manquent pas de donner de sérieuses indications aux candidats.

Mais en fait, les entreprises, qui emploient ou mandatent ces recruteurs, leur donnent-elles vraiment les moyens de recruter ces personnes compétentes ?

Pas toujours !

Quelles sont, de mon point de vue, les 5 erreurs à ne pas commettre ?

- **Recruter pour rattacher les personnes embauchées à des hiérarchiques qui ne brillent pas par leur compétence et par leur comportement**, parce que les personnes compétentes veulent être tirées vers le haut, et certainement pas bloquées ou ralenties dans leur volonté d'apprendre, de progresser, de s'épanouir. Un joueur de tennis face avec des adversaires plus faibles que lui ne progressera jamais ; il en est de même, à propos du lien de subordination, dans les entreprises ;

- **Recruter dans la précipitation, en mode bouche-trous**, sans vraiment connaître les tenants et les aboutissants du poste recherché ; sans avoir établi, un parcours d'intégration, digne de ce nom, avant et pas une fois que la personne est embauchée. Les personnes compétentes sont généralement faites de simplicité, de sérénité, d'intelligence, de bon sens et de rigueur. Elles apprécient de rejoindre un cadre structuré où l'ambiance de travail est bonne ; où elles pourront donner le meilleur d'elles-mêmes, pas une auberge espagnole. Combien de recrutements, sont-ils faits avec une méconnaissance, non pas de la fiche de poste, mais des conditions d'exercice du poste ? Ce contexte, si déterminant, qui engendre près de 25 % de départs, avant la fin de la période d'essai ;

- **Recruter en mode mesquin ; mendiant ; petit bras, sans marge de manœuvre possible au niveau du salaire**, comme s'il était gravé, budgété, dans le marbre. Alors que les personnes compétentes souhaitent valoriser leurs compétences, être en mesure de négocier leur rémunération, parce que la négociation est dans leur ADN ;

- **Recruter un bon soldat plus qu'un haut potentiel**, tant l'entreprise sait que son management ne supporterait pas un électron libre qui ne manquerait pas de dire ce qu'il pense, de penser ce qu'il dit et de critiquer de manière constructive, avec des propositions concrètes associées. Les personnes compétentes ne sont ni des *« prêts à cuisiner »* ni des soumis ;

- **Recruter en voulant tout et son contraire, en recherchant un mouton à cinq pattes**, pour un poste correspondant, tout au plus, à un mouton à trois pattes. Ceci bien souvent pour flatter l'ego démesuré de certains managers qui veulent des pilotes de formule 1 à leurs côtés, alors qu'eux-mêmes peinent à conduire une berline.

Recruter des gens compétents, c'est se mettre en condition de pouvoir le faire, avec réussite ; donc l'œuvre d'entreprises avec des dirigeants audacieux, humains, réalistes et ambitieux, qui savent de quoi ils parlent parce que proches des opérationnels, des gens du terrain.

Les règles d'or d'une ambiance d'équipe du tonnerre !

Cette chronique s'inspire de situations vécues.

Imaginons un bateau secoué par la tempête, avec à son bord un équipage qui se déchire et un capitaine qui n'arrive plus à le contrôler. Pas besoin d'être un voyant, pour entrevoir la suite ; le bateau risque de chavirer et peut-être même de couler, avec le pire à craindre pour son équipage.

Chaque équipe doit avoir en tête cette image, afin d'éviter le plus possible de connaître pareille situation.

Avant de regarder les règles d'or d'une ambiance d'équipe du tonnerre, attachons-nous à donner notre propre définition de ce que signifie pour nous, une équipe.

Je me lance et vous aurez le loisir de faire de même, à travers vos commentaires :

« Une équipe, ce sont des femmes et des hommes, de métiers et d'horizons, identiques ou différents, fédérés et animés par un chef/une cheffe d'équipe, autour d'une même mission, d'un même projet, des mêmes objectifs, qui œuvrent solidairement, efficacement et généreusement ensemble, à leur pleine réussite. »

Et maintenant, les règles d'or s'appliquant à une équipe qui saura installer et entretenir une ambiance du tonnerre :

- Être fédérée et animée par un leader. Le leadership est indispensable pour maintenir, contre vents et marées, le cap et la cohésion, pour ne pas dire l'harmonie. Il convient donc d'être particulièrement attentif aux profils et aux parcours des personnes promues ou nommées *« chefs d'équipe »*. De trop nombreuses erreurs sont encore faites sur ce point, avec des personnes parachutées, récompensées pour le travail accompli avant, sans avoir, préalablement, été formées au management, même si le management s'apprend aussi par la pratique ;

- Briller par son hétérogénéité, dans l'homogénéité. Cela peut sembler paradoxal, mais les plus belles réussites s'obtiennent avec des personnes qui s'affirment par leurs différences. Reste pour le leader à canaliser les fortes personnalités qui ne manquent pas chez les créatifs ;

- Travailler sur des missions, des projets, avec des objectifs précis, communiqués, expliqués et partagés. Une évidence, oui, mais dans les faits, c'est loin d'être toujours le cas. Combien d'équipes travaillent aujourd'hui, ainsi ? Bien moins que nous le croyons. Mais de gros efforts ont été faits notamment par les Ressources Humaines, dans la définition des missions de chacun, au service de la mission de tous ;

- Faire preuve de solidarité, en toute circonstance. Cette règle d'or n'est pas la plus simple à appliquer ; notamment quand les membres d'une équipe ont à la fois des objectifs individuels et des objectifs collectifs. Une équipe solidaire est celle qui se gardera bien de désigner, parmi elle et ailleurs, un bouc émissaire ; cette brebis galeuse que l'on invente parfois et que l'on a envie d'écarter du troupeau, par tous les moyens. Aussi, la concurrence, la compétition, sont saines, quand elles contribuent à la cohésion et au succès de l'équipe toute entière ;

- Ne pas se comporter comme si les autres n'existaient pas, en leur faisant de l'ombre, par exemple, ou en entretenant une compétition qui ne profite à personne, au final - Je vous raconterai une anecdote à ce sujet, à la suite de l'énoncé des règles d'or ;

- Savoir *« sortir du cadre »,* pour que l'ambiance ne souffre d'aucune lassitude, d'aucune routine. Passer du sérieux au festif est bénéfique pour une équipe. Le faire régulièrement est propice à l'installation et au maintien d'une ambiance du tonnerre.

Nous pourrions imaginer d'autres règles d'or.

Voici maintenant l'anecdote :

« Il s'appelait Pierre et était, comme ses 24 autres collègues, superviseur d'une équipe de 12 conseillers clientèle, techniques et commerciaux.

Son équipe obtenait les meilleurs résultats, bien au-dessus des standards imposés par le Client, une marque mondialement connue.

Seulement, voilà, elle était la seule. Le site était en péril, avec une productivité et une qualité délivrée, déplorables.

Un jour, j'ai demandé à Pierre pourquoi il ne partageait pas les recettes du succès de son équipe, avec ses autres collègues superviseurs.

Pierre m'a répondu qu'il voulait que lui et son équipe restent les meilleurs, obtiennent les plus fortes primes.

J'ai dit, alors, à Pierre que s'il continuait ainsi, je serais dans l'obligation de fermer le site rapidement et de mettre 500 personnes au chômage, à cause de comportements comme le sien.

Et comme Pierre était quelqu'un qui était loin d'être bête, il a pris son orgueil à deux mains et a bossé pendant de longues journées à transférer les recettes du succès aux 24 autres équipes, via leurs managers.

L'ambiance sur le site a retrouvé des couleurs. La rentabilité ; la productivité ; la qualité ; la satisfaction, ont été au rendez-vous et le redressement du site a été à la fois spectaculaire et durable. »

Des équipes, soudées et heureuses, sont des atouts considérables pour les entreprises. Certaines pratiquent déjà l'organisation et le management en mode collaboratif, mais ces derniers ont encore leur chemin à faire, en particulier dans les structures de taille importante.

En synthèse, la rançon d'une ambiance du tonnerre dans une équipe est une savante combinaison entre le leadership associé à l'expérience de son manager et la clarté ainsi que la pertinence de la feuille de route, donnée aux individualités, canalisées, qui la composent.

Comment gérer une personne difficile, au travail ?

Il n'est nullement question, ici, de se substituer aux excellents spécialistes du domaine, que sont les coaches, les Ressources Humaines, etc.

Aussi, ce sont quelques astuces, de bon sens et d'expérience, que je souhaite partager avec vous.

Comment gérer une personne difficile au travail, à savoir une personne dont le relationnel, les comportements, laissent à désirer, ne font pas l'unanimité, indépendamment de la personnalité, forte ou pas ?

Une personne difficile ne se gère pas, en fait. C'est elle qui doit se prendre en main ; se faire accompagner en interne comme à l'externe, afin d'essayer d'identifier ; de comprendre et de corriger ses écarts comportementaux. Nous pouvons l'aider à en prendre conscience, mais notre intervention doit s'arrêter à ce niveau. Infantiliser n'est jamais bon, mais responsabiliser, l'est !

L'encadrement ignore rarement la situation. D'ailleurs, il lui est souvent reproché sa façon de faire ou de ne pas faire. Mais les choses ne sont pas si simples que cela. Il y a le poids de l'histoire et des rapports, passés et présents, qui existent. Pris entre la pression de ceux qui subissent et la volonté de ne pas être trop dur avec la personne en cause, l'encadrement pourra avoir tendance à laisser faire les choses, afin qu'elles se règlent d'elles-mêmes. Ce qui n'est pas mauvais en soi, non plus ; même si cela peut mécontenter certains, pouvant y voir un pourrissement volontaire de la situation.

Un échange ouvert, à deux ou trois tout au plus, peut être bénéfique. Au lieu d'attendre que ce soit une tierce personne qui fasse le travail, en l'occurrence, le hiérarchique, pourquoi ne pas solliciter spontanément cet échange afin de montrer sa volonté de crever l'abcès ; d'essayer de comprendre le pourquoi des ressentis, des heurts, des points de divergences. Comme dans toute relation humaine conflictuelle, les torts ne sont jamais unilatéraux. Ainsi, en mettant un peu d'eau dans son vin, les choses peuvent considérablement s'améliorer.

Si, malgré cela, un résultat concluant ne peut pas être obtenu et encore moins si la personne difficile occupe un poste de direction, alors la « *victime* » ne doit pas hésiter à prendre la décision de partir, en négociant son départ, pour se préserver, car, dans la plupart des cas, il n'y a pas de changements notoires à attendre de la personne difficile, mais des dommages sérieux, en particulier psychologiques : situation avec les personnes perverses narcissiques, par exemple !

Nous n'avons qu'une vie, en particulier au travail. Autant faire qu'elle se déroule le mieux possible.

Satisfaire le Client, quel pléonasme !

N'est-il pas réducteur d'associer la satisfaction Client à la façon dont ses demandes, ses réclamations, ses litiges, sont traités par le Service Client ?

Comment ne pas penser, à ce stade, à ce ténor de la Relation Client, qu'est le commerçant de proximité et particulièrement l'épicier du coin, ayant compris, depuis des lustres, que la relation avec le Client dépasse largement le périmètre de la résolution de ses différentes demandes, de la réponse à ses besoins.

Alors que c'est une véritable culture du Client qui doit être implantée, qui doit s'installer et durer, en particulier au sein des marques connaissant un fort développement ; et plus précisément :

- Faire que tous les métiers de la Marque pensent et agissent, Client, au quotidien. Combien de fois, en interne, entendons-nous des choses peu avantageuses sur les clients, en contradiction même avec les chartes qualité, rabâchées à longueur de temps. N'est-ce pas ce que les clients rapportent qui est le plus regardé, en haut lieu, que ce qu'ils sont et que ce qu'ils attendent, vraiment ? Quelle plus belle richesse pour la Marque que le

Client et ceux qui œuvrent, en permanence, pour sa pleine satisfaction ;

- Inverser la tendance, pour redonner au Client la place qui doit être la sienne. Ce n'est plus la Marque qui paie, mais le Client ! Cette nuance subtile change considérablement les rapports entre les managers et leurs équipes. Mal produire, mal se comporter, par exemple, ne signifient plus ne pas satisfaire son hiérarchique, mais le Client ;

- Agir le plus en amont possible, pour éviter que le Client soit le cobaye des dysfonctionnements, liés, parfois, à une forme d'amateurisme de la Marque. Comment faire subir au Client, sans dommages directs pour lui, les erreurs, les absences de décisions et d'actions, autrement dit les manquements eu égard aux engagements pris via les conditions générales de vente, de service ? Le Service Client est principalement dans le curatif, alors que la culture du Client dépasse cette dimension, pour y associer le préventif ;

- Inviter les dirigeants, les managers, à traiter eux-mêmes et régulièrement des demandes Client. Cela fonctionne ; plus proactif et plus efficace que de voir les hiérarchiques vociférer, tant ils sont exaspérés par la qualité de service délivrée. Et d'autant plus quand elle touche leurs amis proches. Vous ne pouvez pas imaginer le temps perdu à traiter un cas Client, celui amené par le Président, alors que des centaines d'autres attendent, concernant des clients, souvent bien plus fidèles et bien plus rentables…

Partons du principe que la satisfaction Client doit être un acquis !

Le seul fait de prononcer le mot Client doit le sous-entendre. Sinon les clients ne sont pas des clients, mais des coordonnées, noyées dans une base de données. Et il y en a des millions, malheureusement pour eux et pour les entreprises.

Implantons et entretenons une véritable culture du Client partout, en ne perdant pas de vue que tout professionnel est d'abord un Client lui-même !

Sortons de la vente pure et dure ! Privilégions les solutions qui découlent de l'écoute et de la prise en compte des besoins Client ; pas d'une pression constante, sur l'atteinte des objectifs fixés !

Un exemple, tiré de mon vécu : « J'avais 19 ans. Le Directeur d'une agence importante de la Banque qui m'employait m'a demandé, avec insistance, et même véhémence, de faire souscrire à un certain nombre de Plans d'Epargne Logement, durant le trimestre. Je lui ai répondu que, pour moi, le plus important était de répondre aux attentes, aux besoins précis, des clients. Il m'a répondu, à son tour, que si je n'atteignais pas mon objectif, il ne me garderait pas au sein de l'agence et me mettrait à la disposition du siège. J'ai pulvérisé mon objectif. Tout simplement parce que j'ai obtenu et assuré un maximum de rendez-vous Client : activité versus vente forcée. »

Enfin, avez-vous envie de confier les clés de votre coffre-fort à Arsène Lupin ou bien à des personnes qui ont la passion du Client et qui savent de quoi elles parlent ?

Une personne peut pourrir ou au contraire mettre de l'ambiance !

L'humain est fait d'un certain nombre de paradoxes comportementaux et ces paradoxes ont des répercussions en tout lieu, aussi bien dans la vie privée que dans la vie professionnelle.

Une seule personne peut faire la pluie ou le beau temps, pourrir ou bien mettre de l'ambiance ; les deux parfois.

Qui n'a pas déjà rencontré cette situation ?

Une équipe qui fonctionnait à merveille, puis une personne, équipier ou manager, est venue plomber l'ambiance ; en ajoutant que cela peut se produire aussi dans une famille, parmi les amis, les proches.

Quelle posture adopter face à une personne, dont le comportement est aussi toxique ?

- Si la personne est narcissique et perverse, par exemple ; ne pas se confronter à elle ; ne pas tenter de la faire changer, c'est peine perdue. La meilleure décision à prendre est, dans un premier temps, de l'éviter le plus possible, et dans un second temps, pour le cas où les choses empireraient, de demander à partir ou sa mutation ;

- Si la personne est mal à l'aise dans son rôle ou suite à des ennuis personnels ou professionnels, essayer de lui faire comprendre que tout le monde a des soucis, sans pour autant prendre les autres pour des boucs émissaires ou des souffre-douleurs, mais aussi l'aider à aller mieux. Dans ce type de situations, quelques mots réconfortants, conseils, peuvent faire toute la différence.

Surtout ne rien lâcher quand il s'agit de maintenir une bonne ambiance. C'est un travail de tous les instants.

À tous les équipiers, les managers, de faire le nécessaire rapidement, quand ils sentent que l'ambiance se détériore sensiblement, par le fait uniquement d'une individualité. Encore une fois, quelques mots peuvent faire la différence.

Ne pas hésiter, aussi, à en parler entre collègues, en particulier si le plombeur d'ambiance est le chef d'équipe, lui-même protégé, assez souvent par sa propre hiérarchie. L'union, ne fait-elle pas la force, la conviction ?

Instaurer et maintenir une bonne ambiance constituent un investissement sur la durée. C'est quand même dommage de la laisser plomber par une personne, notamment un hiérarchique dont le rôle est justement de motiver, de transcender, de fédérer son équipe, plutôt que de lui mettre le moral dans les chaussettes, avec des moments d'euphorie : bonne ambiance superficielle, histoire de tromper son monde.

Rien n'est plus difficile que de faire simple !

Faire simple n'est pas à la portée du premier venu, car assez souvent, cela se borne à déconstruire, à simplifier, ce qui est compliqué.

Parce que déconstruire, simplifier, ce qui est compliqué, constituent un défi particulièrement audacieux à relever, ne serait-ce que pour comprendre comment ce qui est compliqué a été construit et plus précisément pour reconstituer cette construction.

Et pour confirmer ce qui précède, quoi de plus parlants que les Systèmes d'Information - SI - des marques, dont il est excessivement compliqué de retracer l'histoire, dans ses moindres détails.

Avant d'aller plus loin, qu'est-ce qui différencie le simple du compliqué ?

⇨   Simple : facile à comprendre, à suivre, à exécuter, à appliquer.

⇨   Compliqué : difficile à comprendre, à suivre, à exécuter, à appliquer.

La différence porte donc, essentiellement, sur ce qui est facile et sur ce qui est difficile.

Mais pour quelles raisons le compliqué, a-t-il autant le vent en poupe, autant de succès ?

Les esprits compliqués ne peuvent que penser et mettre en place des choses compliquées. La simplicité n'est pas dans leur ADN. Ils la voient comme quelque chose de peu valorisant, en particulier, en termes de démonstration de leur capacité à faire ou à faire faire.

Par ailleurs, le temps et l'audace, pour vraiment déconstruire et simplifier le compliqué, manquent. Ainsi, il est bien plus valorisant de rajouter des couches de compliqué au compliqué. Une paresse, qui, si elle est ancrée, peut finir par coûter cher, très cher, à la Marque.

Sans oublier l'externe : le régalien, qui est lui-même compliqué et qui, de ce fait, favorise le compliqué en interne, par contrecoup ; mais aussi la réfraction au changement, véritable pied sur la pédale de frein, qui retarde tous les processus de simplification, car tel est l'objectif de tout changement que celui d'amener de la simplicité.

Pourtant, il arrive un moment où il est indispensable, voire vital, pour la Marque de passer à l'action, de simplifier tout ce qui doit et qui peut l'être.

De quelle façon ?

- Simplifier est un projet qui impacte tous les métiers, pratiqués au sein de la Marque, sans exception. Projet éminemment stratégique qui se doit d'être directement rattaché à la gouvernance, au même titre que celui de la transformation ou du changement ;

- Simplifier passe obligatoirement par un diagnostic systémique : la Marque telle qu'elle est et devrait être sur le papier ainsi que par un diagnostic terrain : la Marque telle qu'elle est, dans sa réalité opérationnelle ;

- Simplifier ne peut être réussi que par des gens qui ont démontré leur capacité à faire simple, à sortir du compliqué, à faire preuve de ce bon sens si difficile à mettre en œuvre au sein d'organisations qui l'ont mis de côté, depuis un certain temps ;

- Simplifier consiste à être l'écoute des clients et de leurs interlocuteurs directs au sein de la Marque ;

- Simplifier impose une rigueur et une organisation qui feront que même si le compliqué vient de l'externe, il n'aura qu'un impact relatif sur ce qui aura été simplifié, en interne.

Il est clair que faire simple, directement ou en déconstruisant le compliqué, n'est pas donné à tout le monde ; mais quelle bouffée d'oxygène pour la Marque que de se développer sur des fondations qui n'en feront pas un château de cartes, mais un château fort.

L'usage des courriels, est-il le révélateur de l'ambiance de travail ?

Quelle horreur ! Revenir de congé ; de maladie ; de formation ; d'une réunion fleuve et allumer son PC pour découvrir une liste de courriels à la Prévert, sans compter les innombrables spams, n'est pas le plus excitant des retours.

Pourtant, cette situation est loin d'être exceptionnelle. À se demander parfois, si certains ont vraiment du travail ou bien utilisent-ils les courriels, pour se donner une existence au travail ?

Quant à faire le lien entre l'ambiance de travail et la volumétrie de courriels, émis et reçus, il y a un pas que je ne vais pas hésiter à franchir.

Sans généraliser bien sûr, il est possible d'affirmer, cependant, que les structures fortement consommatrices de courriels sont souvent des endroits où règne une ambiance de travail détestable, où les clans ; les guerres d'ego et de pouvoir ; les conflits internes, sont nombreux.

Au sein de ce type de structures et dans les faits, les directeurs, les managers et leurs équipes, communiquent peu ou pas, en face-à-face. Ainsi les courriels, outils virtuels, sont le moyen pour eux de s'en affranchir. Ceci n'empêche pas que la communication par ce canal numérique, notamment celle du sommet des organigrammes, ne brille pas par sa qualité, par sa clarté et s'apparente plus à des directives à appliquer à la lettre qu'à des échanges constructifs.

J'ai été « *viré* », séance téléphonique tenante, par un PDG, parce que j'ai eu le malheur de lui dire qu'un courriel, adressé à cinq mille salariés, commence par « *Bonjour* » et se termine par un message de politesse. Le style était : « *Je vous rappelle que vous devez impérativement utiliser l'application informatique X - au demeurant une vraie usine à gaz - et plus de trois mille d'entre vous, dans le groupe, ne le font pas.* ».

Quelles règles de base suivent les structures où les directeurs, les managers ainsi que les équipes n'hésitent pas à se déplacer, pour mieux communiquer ensemble, au moins au sein de la même unité de lieu (site, direction, département, service) celles où l'ambiance de travail est généralement bonne, voire très bonne ?

- Envoyer deux courriels au maximum, sur le même sujet, la même problématique ;

- Éviter de mettre toute la terre, en copie ;

- Filtrer les spams, à l'aide des outils adéquats ;

- Rédiger les courriels de façon claire, précise, concise et exacte ;

- Intégrer le fait que les autres travaillent aussi et qu'ils n'ont pas toujours le temps de lire les courriels, dès leur réception. Ce qui est pressé se gère donc, soit par téléphone, soit en face-à-face ;

- Réserver, le plus possible, l'usage des courriels aux contacts avec l'externe : clients, fournisseurs, administrations et lorsque conserver une trace est nécessaire (volet juridique) ;

- Limiter le nombre de pièces jointes. Rien de plus désagréable et fastidieux que d'avoir une bibliothèque de documents, à ouvrir et à consulter ;

- Respecter les destinataires, en veillant à leur écrire en bon français et à ne pas faire de fautes d'orthographe.

La structure, au sein de laquelle vous travaillez, opère ainsi, et même mieux, c'est génial !

Qui missionner ? Un consultant ? Un coach ? Un expert ? Un manager de transition ?

Dans certains contextes ; certaines situations ; certains projets, recourir à un accompagnement, individuel ou collectif, externe, peut s'avérer être un choix particulièrement bénéfique, pour la Marque.

Comment la Marque, doit-elle s'y prendre, pour ne pas se tromper, pour missionner le ou les bons métiers, pour l'accompagner au mieux et éviter, par exemple, que certains projets internes soient de véritables gouffres financiers ?

Trois critères sont à considérer, en priorité :
- ⇨ Les qualités et les compétences ;
- ⇨ Le type d'interventions, de sollicitations ;
- ⇨ Les actions accomplies, en mission.

➢ **Les qualités et les compétences :**

- L'Expert
    - ⇨ Expertise dans un domaine précis ;
    - ⇨ Organisation, rigueur, méthode ;
    - ⇨ Relationnel, disponibilité, flexibilité ;
    - ⇨ Expérience, connue et reconnue, par les experts-métiers de la Marque qui le sollicite ;
    - ⇨ Référent neutre, honnête et indépendant.

- Le Coach
    - ⇨ Écoute attentive ;
    - ⇨ Non-jugement ;
    - ⇨ Présence ;
    - ⇨ Relationnel, disponibilité, flexibilité ;
    - ⇨ Capacité d'analyse et d'adaptation ;
    - ⇨ Connaissances, expertise ;
    - ⇨ Empathie et intuition ;
    - ⇨ Qualités de cœur.

- Le Consultant
  - ⇨ Écoute attentive ;
  - ⇨ Organisation, rigueur, méthode ;
  - ⇨ Esprit de synthèse ;
  - ⇨ Relationnel, disponibilité, flexibilité ;
  - ⇨ Capacité d'analyse et d'adaptation ;
  - ⇨ Connaissances, expertise ;
  - ⇨ Vision à moyen, long terme ;
  - ⇨ Maîtrise du pilotage de projets.

- Le Manager de transition
  - ⇨ Expérience significative : opérationnel immédiatement ;
  - ⇨ Organisation, rigueur, méthode, objectivité ;
  - ⇨ Esprit de synthèse ;
  - ⇨ Relationnel, disponibilité, flexibilité ;
  - ⇨ Capacité d'analyse et d'adaptation ;
  - ⇨ Connaissances, expertise ;
  - ⇨ Vision à moyen, long terme ;
  - ⇨ Maîtrise de la conduite du changement.

➢ **Le type d'interventions, de sollicitations :**

- L'Expert
  - ⇨ Tout type d'expertise : financière, technique, judiciaire, scientifique.

- Le Coach
  - ⇨ Soutien des dirigeants, des directions fonctionnelles et opérationnelles ;
  - ⇨ Accompagnement professionnel personnalisé, auprès de dirigeants ; de directeurs ; de chefs de départements ou de services ; de managers de proximité.

- Le Consultant
  - ⇨ Conseil à l'élaboration de la stratégie ;
  - ⇨ Accompagnement du Business Développement ;
  - ⇨ Accompagnement, conduite de la transformation ;
  - ⇨ Support, aide à la décision Métiers.

- Le Manager de transition
  - ⇨ Réponse à des urgences managériales : remplacements, créations de postes, etc. ;
  - ⇨ Fonctions sur des dispositifs transitoires, sur des organisations à tester ;
  - ⇨ Redressements ; situations de crises ; réductions de coûts ; optimisations fonctionnelles et opérationnelles ;
  - ⇨ Gestion de la croissance et de la décroissance.

> **Les actions accomplies en mission :**

- L'Expert
  - ⇨ Apporte une réponse argumentée à une demande d'expertise ;
  - ⇨ Exprime des jugements pertinents ;
  - ⇨ Recherche des faits techniques ou scientifiques ;
  - ⇨ Ne manage pas.

- Le Coach
  - ⇨ Permet d'obtenir des résultats concrets et mesurables ;
  - ⇨ Fait approfondir les connaissances et améliorer les performances ;
  - ⇨ Évalue dans l'action ;
  - ⇨ Préconise ;
  - ⇨ Questionne et confronte ;
  - ⇨ Ne manage pas.

- Le Consultant
  - ⇨ Réalise des audits, des diagnostics : organisation, management, etc. ;
  - ⇨ Fait des préconisations d'axes d'amélioration, d'optimisation, de fiabilisation ;
  - ⇨ Partage son savoir-faire ;
  - ⇨ Pilote des projets ;
  - ⇨ Conseille ;
  - ⇨ Ne manage pas.

- Le Manager de transition
    - ⇨ Manage les équipes : lien de subordination ;
    - ⇨ Peut avoir des délégations ;
    - ⇨ Peut avoir un mandat social ;
    - ⇨ Fait des diagnostics, des analyses ;
    - ⇨ Fait des recommandations ou préconisations ;
    - ⇨ Peut piloter un projet ;
    - ⇨ Peut déployer des projets : assurer leur mise en œuvre ;
    - ⇨ Partage son savoir-faire.

Bons choix et bonne réussite de missions !

Rassembler, non pas pour faire se ressembler, mais pour unir les différences !

Dans un marché du travail particulièrement tendu, rassembler, non pas pour faire se ressembler, mais pour unir les différences, n'a jamais autant été d'actualité.

Se donner les moyens d'y parvenir, c'est déjà identifier et comprendre quels sont les facteurs qui divisent :

- Le travail en lui-même ! Parce que l'univers professionnel se transforme vite en clans, pour ne pas dire en forteresses dans certaines structures, notamment quand la peur s'y installe : peur de perdre son poste, de ne pas être à la hauteur. Cette peur qui alimente les tensions entre les anciens et les nouveaux, qui paralyse les actions managériales et d'équipes, visant à rassembler, qui isole au moment où il est essentiel de s'unir pour gagner ensemble, conscients que les victoires solitaires n'ont pas de lendemain ;

- Les objectifs et la reconnaissance, pour ne pas dire la gratitude, à avoir, lorsqu'ils sont atteints ! Concilier des objectifs collectifs avec des objectifs individuels n'est guère une mince affaire et ne manque pas d'alimenter les divisions. Ici, l'exemple d'un groupe qui décide de partir à la découverte d'un nouveau lieu : objectif partagé, qui, dès s'être mis en marche, montre des désaccords, en son sein, sur la route à suivre : divisions internes. Même si l'objectif commun n'a pas varié, c'est l'ambiance dans le groupe pour l'atteindre qui a changé. Aussi, autant les objectifs peuvent fédérer, émuler, autant ils peuvent diviser, notamment lorsqu'il s'agit de rétribuer les efforts faits par chacun ; efforts ayant permis d'atteindre l'objectif de tous ;

- Le rapport entre le hiérarchique et ses subordonnés ! C'est sur ce point que les divisions sont les plus marquées, car lorsqu'il est poussé à l'extrême, notamment en période de fortes tensions ou de fortes pressions, ce rapport peut confronter ceux, véritables forces de propositions, volontaires pour changer, pour améliorer, à ceux, conservateurs et frileux au possible, voyant bien souvent leur intérêt personnel avant celui de tous. Et, sans généraliser, les hiérarchiques se trouvent assez souvent, parmi ces derniers ;

- L'absence de stratégie globale ! Faute de stratégie globale, l'humain ayant peur du vide, chacun élabore sa propre stratégie, dans son coin, qu'elle soit individuelle ou d'équipe, de service, de département, de direction. Ainsi, des clans se constituent et les divisions se multiplient ;

- Les facteurs exogènes ! Ceux que personne ne maîtrise vraiment et encore moins anticipe ;

- Les dissensions entre les anciens et les modernes. Quelles structures n'ont pas connu ce phénomène, même s'il est plus présent dans les groupes ; cette opposition entre une culture bien ancrée et une nouvelle culture qui a toutes les peines à s'installer. Cette lutte entre les anciens et les modernes qui divise profondément et durablement, tout en étant coûteuse et énergivore ;

Aussi, comment faire pour rassembler, non pas pour faire se ressembler : clonage, mais pour unir les différences ? Unir et non réunir, car réunir serait en fait réunir les divisions, au contraire d'unir qui serait trouver des points de concordance, un tronc commun, dans les divisions :

- Faire des divisions des atouts ! C'est bien dans les divisions que les différences se font criantes et ce sont bien ces différences que la volonté de rassembler veut unir. Il est rare d'avoir des différends, donc des points de divergence, de division, sur tout. Bien souvent, il s'agit de problèmes de communication. Tout le monde est d'accord ou presque en fait, mais n'arrive ni à se parler ni à s'entendre. Faire des divisions des atouts est un axe important à explorer, pour rassembler. Et c'est si stimulant d'arriver à unir des différences, sans les changer fondamentalement ;

- Ne pas définir et fixer des objectifs, seul dans son coin, en petit comité ! Quand des objectifs se veulent rassembleurs, ce n'est pas lors de la communication de ceux-ci qu'il faut le montrer, mais bien en amont. Arriver à les construire, dans la concertation ; le mot est bien choisi. Un chef d'orchestre n'arrivera jamais à obtenir le meilleur de ses musiciens, s'il ne va pas chercher avec eux ce meilleur, lors des répétitions. Ainsi, il est indispensable d'avoir des répétitions pour définir et fixer des objectifs. Il n'y a pas de 49.3 pour ce processus, bien qu'à un moment, il faut savoir sortir de la discussion pour aller à la décision. Mais cela, les vrais leaders savent bien le faire, dans la communication qui mène à l'action ;

- Mettre de l'adoucissant, dans le rapport entre le hiérarchique et ses subordonnés ! Nullement question de le remettre en cause, car il est vieux comme le monde. En revanche, modernité et mondialisation obligent, le rapport entre le hiérarchique et ses subordonnés ne peut plus être un rapport autoritaire, du dominant au dominé. C'est un rapport qui doit savoir s'ouvrir, en toute circonstance, à l'échange, à la proposition, au respect des idées des autres : un rapport hiérarchique fait d'intelligence ; un rapport hiérarchique épanouissant ; un rapport hiérarchique respectueux. Le monde du travail ne peut pas être indéfiniment celui de l'accélérateur des cadences et, en même temps, celui du frein des intentions, pour donner du confort, sur la durée, à ces cadences ;

- Rassembler avec une stratégie, communément partagée ! Les paysans se rassemblent au marché, avec la même stratégie que leurs homologues : vendre leurs produits, au meilleur prix et à la meilleure satisfaction, pour ensuite se disperser, produire et revenir, encore plus forts, encore plus compétitifs. Sans stratégie définie, claire, communiquée et partagée, il ne peut pas y avoir de rassemblement. La stratégie, c'est la partition du chef d'orchestre. Le leadership de la stratégie, c'est la baguette du chef d'orchestre et le déroulement de la stratégie, c'est la virtuosité du chef d'orchestre, associée à la virtuosité de chacun des musiciens de l'orchestre ;

- Apprivoiser les facteurs exogènes ! Plus facile à dire qu'à faire. Et bien non. Ce qui se passe dehors arrive moins par surprise, lorsque des dispositifs de veille et de présence terrain sont en place. La maîtrise de l'environnement interne, comme externe, est un préalable au rassemblement, dans l'union des différences ;

- Rapprocher les anciens et les modernes ! Les uns seront les fondations et les murs porteurs ; les autres seront les fenêtres, les portes, les toits et les cheminées. C'est par l'identification des points communs, dans les oppositions de cultures, d'expériences et d'opinions, que le rassemblement s'opère ; parce que les anciens ont été d'anciens modernes et les modernes deviendront des anciens. Ainsi va la vie professionnelle, comme la vie privée d'ailleurs. Les générations sont là pour se compléter et un grand nombre de structures, publiques ou privées, l'ont bien compris. La complémentarité est rassembleuse. Chaque pièce d'un puzzle est complémentaire de l'autre, pour arriver à cette image finale qu'est l'expression harmonieuse de la stratégie et des différences des femmes et des hommes ;

Les recettes existent pour réussir à rassembler ; pour unir harmonieusement les différences. Ces recettes ont été expérimentées et sont expérimentées, tous les jours. Les institutionnaliser, en commençant par les écrire, par les documenter, est un bon début.

Il n'y a pas d'histoire, sans traces d'histoires.

CRM, les 5 erreurs majeures, à ne pas commettre !

Dans la lignée de mon livre « *La culture du Client* », je souhaite partager ici, avec vous, le fruit de mon expertise de la Relation Client, en mettant l'accent sur les 5 erreurs majeures, à ne pas commettre, en matière de CRM - Customer Relationship Management :

❖ **Erreurs N°1**

⇨ Assimiler le CRM exclusivement à une *« solution outil »,* en le rendant orphelin des processus ; des méthodes ; d'autres outils comme l'ERP et des organisations : dimension humaine ;

⇨ Le construire, à partir de cette solution outil, trouvée à l'extérieur, en hébergeant le projet dans une Direction Support comme le Marketing ou l'IT !

Parce que le CRM est bien plus qu'un outil, mais une stratégie ; la stratégie Client de la Marque, et même plus, la stratégie de la Marque. Et qui dit stratégie, dit réponse à des questions essentielles, comme :

- Qui sont les clients de la Marque, les principaux notamment ?

- Qu'est-ce que la Marque fait pour ses clients et compte faire pour eux dans les années à venir ?

- Qu'est-ce que les clients, les prospects, les utilisateurs digitaux, attendent de la Marque et qu'est-ce que la Marque attend d'eux ?

- Comment la Marque, va-t-elle définir sa stratégie Client et par qui va-t-elle être portée : leadership, en évitant de l'enfermer dans une direction *« outil »,* à l'image du Marketing, par exemple ?

La stratégie Client, supportée par le CRM, est donc l'affaire de toute l'entreprise ; de tous ses métiers sans exception ; de toute la chaîne de valeurs de la Marque.

Ainsi, elle ne peut être placée que sous l'égide de la plus haute instance de la Marque (PDG, DG, CEO) et se déployer en mode projet transverse. La transformation avec le digital se doit d'être incluse dans le projet global de la stratégie Client.

Pas de CRM, sans stratégie Client !

- ❖ **Erreurs N°2**
  ⇨ Faire sans les utilisateurs finaux ; ceux en relation directe et omnicanale avec le Client ou bien ne pas les impliquer, le plus en amont possible ;

- ❖ **Erreur N°3**
  - Ne pas avoir établi de frontière distincte, entre tout ce qui touche à la valeur financière de l'entreprise : ERP, et ce qui touche aux interactions de la Marque avec le Client, du Client avec la Marque : CRM, en n'oubliant pas les prospects ainsi que les utilisateurs digitaux.

L'ERP, c'est la Marque dans le dur ; l'environnement qui va acter de sa valeur financière, à travers l'ensemble des flux qu'elle génère, un *« Pentagone »*, en quelque sorte.

Le CRM, c'est la Marque dans son développement ; dans son activité ; dans ses relations ; etc.

Des passerelles existent entre les deux outils, sachant que le gardien du temple, c'est toujours l'ERP ; d'où la volonté de limiter et de contrôler le plus possible, les accès.

- ❖ **Erreur N°4**
  - Construire un CRM, en mode usine à gaz ; en mode joujou extra ; en mode machine à faire baisser les coûts.

Combien de fois des fournisseurs externes d'outils CRM, parmi les meilleurs du marché, m'ont directement contacté, en tant que directeur des opérations Client, pour me demander : *« Mais que veut faire exactement votre Marque, avec un CRM ? »* Alors que des équipes, en interne, travaillaient depuis des mois, sur le sujet.

Et bien souvent, cette construction, en mode usine à gaz ; en mode joujou extra ; en mode machine à faire baisser les coûts, est la conséquence directe de la plupart des erreurs précitées.

Clairement, le CRM n'est pas une boite multi-tiroirs ; multi-passerelles ; multi-satellites, mais l'environnement cohérent et de bon sens, destiné à supporter la stratégie Client.

Par ailleurs, cet environnement se doit d'être un environnement omnicanal, sans points de rupture, dans l'expérience du Client avec la Marque. La *« salamisation »* du Client, à savoir agir, dans les faits, comme s'il était client de dix marques au lieu d'une, a des incidences non négligeables sur la perte Client.

Enfin, il n'y a rien de pire qu'un CRM qui sait et qui ne montre pas qu'il sait, au Client.

- ❖ **Erreur N°5**
  - Avoir commis les 4 autres !

500 millions d'euros partis en fumée, dans des projets CRM qui ont été abandonnés en cours de route ; des projets CRM qui ont été déployés, mais rejetés par une grande partie des utilisateurs finaux.

Cela donne à réfléchir, n'est-ce pas ?

Je passe mon temps à faire du reporting !

Les tops managers de la Marque doivent vraiment s'ennuyer à mourir, pour noyer autant les managers de proximité, dans un reporting chronophage, qui les isole de leurs équipes, sur le terrain.

Parce que s'ils ont besoin de voir, de contrôler, d'analyser, n'y a-t-il pas bien mieux à faire que de recevoir un rapport, sans âme, dans un bureau feutré, un café chaud à droite de son PC miniature, très tendance ?

L'air du terrain, n'est-il pas l'air le plus vivifiant qu'il soit à respirer pour s'informer ; pour prendre la température ; pour soutenir ou motiver ; pour échanger sur l'activité, bien plus apprenante que les résultats eux-mêmes ; etc. ?

Et jusqu'à preuve du contraire, ce sont des managers de proximité, pas des machines à reporter, n'est-ce pas ?

Que dire aussi de la pression des actionnaires, reconduite, à l'identique ou presque, par les tops managers sur les opérationnels ?

Trop de rapports, ne tuent-ils pas non seulement le reporting ; mais aussi l'activité qui fait les résultats, donc les données de ces mêmes rapports ?

Afin d'illustrer ce qui précède, voici une anecdote, tirée d'un vécu :

- L'ancien directeur de site était un maniaque, pour ne pas dire un malade du reporting. Il passait moins de 25 % de son temps, au contact direct des opérationnels. Les 75 % restants, personne ne savait exactement à quoi il les occupait ; probablement à lire et à analyser les rapports qu'il exigeait, de façon véhémente parfois, du support et des opérations, et ce, pour expliquer et justifier les plongées en apnée du site ;

- 25 managers de proximité qui passaient plus de 35% de leur temps à rédiger des rapports et à dire, sans arrêt, que cela ne servait quasiment à rien, car rien n'évoluait vraiment, par leur intermédiaire, bien au contraire ;

- Bilan : résultats financiers, Client, qualité, sociaux, catastrophiques depuis des mois !

- Le nouveau directeur de site, recruté pour le redresser, attachait, pour sa part, une grande importance à la présence sur le terrain ;

- Ainsi, parmi les nombreux chantiers qu'il a initiés, en collaboration les équipes du Support et des Opérations, il y a eu la création d'un pool de reporting où 5 managers de proximité intervenaient à tour de rôle, pendant que les 20 autres étaient à 100% sur le terrain, avec leurs équipes ;

- Résultats - un seul reporting a suffi : en moins de 8 semaines, tous les indicateurs de productivité, de rentabilité, de satisfaction et de climat social du site, sont passés au vert !

Morale de l'aventure : seule une activité soutenue, bien encadrée, bien structurée et bien organisée, permet d'obtenir des résultats, donc des rapports qui donnent le sourire.

En synthèse, ce que le terrain attend, c'est de l'oxygène, pas du gaz carbonique, en particulier celui d'un reporting fortement chronophage.

Ce que le terrain attend aussi, c'est la facilitation de son travail, de ses actions, au quotidien. Confier le reporting à des consultants externes confronterait bien vite les tops managers à la réalité du temps passé et du coût, même si cela n'est pas dans leurs intentions, confidentialité oblige.

Du reporting, il en faut assurément, mais il doit être mesuré, utile, commenté, communiqué et partagé, avec des actions concrètes derrière, décidées et mises en œuvre, avec les managers et les équipes opérationnelles.

Quelques recettes simples et opérationnelles pour les commerciaux !

Avec l'arrivée du Numérique, ce ne sont pas les fondamentaux du Commerce qui ont changé, mais les outils à disposition et les comportements Client.

Pourquoi les outils à disposition et les comportements Client ?

Parce que le Commerce, aujourd'hui, ne vend plus, c'est le Client qui achète. Aussi, le Commerce est principalement attendu dans son rôle de conseil, en vue d'aider le Client à faire le bon choix. Et sans outils adaptés, connectés et intelligents, les commerciaux seraient dépassés, face à la multitude d'informations auxquelles le Client a désormais accès. Client qui a devant lui le plus grand magasin qu'il soit, l'Internet.

Considérer ce qui précède est une étape indispensable dans le changement de la manière de commercer.

Quelques recettes simples et opérationnelles, tirées d'un vécu :

- Dans la mesure où c'est le Client qui achète, quel est l'intérêt pour la Marque de fixer des objectifs, en nombre de ventes, de souscriptions, de clients ; en chiffre d'affaires et en contribution Client, aux commerciaux ? Les objectifs, au sens large, font partie des fondamentaux du Commerce : ils guident, stimulent, orientent et récompensent. En revanche, c'est la façon d'animer ces objectifs, au quotidien, qui doit évoluer. Nullement question, cependant pour les directeurs, pour les managers, d'ajouter au stress des commerciaux, en leur tombant dessus chaque jour, et d'autant plus quand les cycles de commercialisation sont longs, à l'instar du B2B ;

- L'animation doit être fine, intelligente, adaptée, appropriée, avec un focus sur l'activité qui engendre les résultats, bien plus que sur les résultats eux-mêmes. Le fameux « *comment faire* » qui pêche encore dans certaines structures et pas des moindres.

  L'animation doit consister à apporter l'aide et les moyens nécessaires, pour que les commerciaux puissent travailler, de manière structurée et structurante, leurs portefeuilles Client. Avec les clients à sécuriser qui représentent à eux seuls un % important du chiffre d'affaires ; les clients à développer qui disposent d'un vrai potentiel ; les clients à maintenir qui sont généralement en grand nombre et les clients à prospecter qui permettent de renouveler les portefeuilles, ceci avec une veille particulière sur la perte Client : churn, et sur ses raisons. Car chacun sait qu'il faut recruter bien plus de clients pour compenser les clients perdus. Mais également que la perte Client est souvent corrélée au recrutement Client. À savoir que les clients recrutés en masse se perdent en masse aussi ;

- La confiance entre la gestion de la Relation Client et le Commerce, se doit d'être, solidement et durablement, installée pour que l'un progresse avec l'autre et pas contre l'autre. Rien de plus consternant pour un Client que d'être pris au milieu de désordres, de dysfonctionnements, internes ;

- Les indicateurs de mesure de la rentabilité Client : profitabilité, contribution, doivent être simples et facilement interprétables, avec tous les éléments pris en considération, connus dans les moindres détails et partagés, notamment pour ne pas imputer aux commerciaux les coûts, dont ils ne sont pas directement responsables ;

- Les propositions ne doivent jamais être formulées avant l'identification complète des attentes, des besoins, du Client. On ne parle plus de produits ou de services, mais de solutions Client. C'est à travers la construction de ces solutions que le Commerce s'affirme comme crédible et de confiance. Bien sûr qu'il y aura toujours du Commerce impulsif ; du Commerce aux émotions ;

du Commerce en mode camelots, mais cela devra rester marginal ;

- Les Directeurs ne doivent pas piloter le Commerce depuis leurs bureaux, car le Commerce est avant tout une affaire de terrain, même si de plus en plus d'actes commerciaux se concrétisent à distance, en ligne. Cela ne veut pas dire non plus qu'ils s'y rendent en mode organisé, en ayant préalablement trié les clients à visiter. Ceci est le meilleur moyen d'avoir une vision tronquée des difficultés qu'éprouvent les commerciaux pour respecter et appliquer la stratégie commerciale. Les visites sur le terrain des directeurs doivent donc être, le plus possible, spontanées en s'intégrant au planning de travail habituel des commerciaux.

Bon développement, avec le meilleur conseil pour la pleine satisfaction du Client !

Antoine de Saint-Exupéry ne pouvait pas donner une plus belle définition au changement !

« L'avenir n'est jamais que du présent à mettre en ordre. Tu n'as pas à le prévoir, mais à le permettre. »

Décidons-nous le changement ? Non pas vraiment et encore heureux. Car tout le monde veut changer, mais quand il s'agit de passer à l'action et de quelle manière, l'engouement perd en vigueur, en intensité.

Changer est inéluctable ; comme il est donné à un enfant de devenir adolescent et à un adolescent de devenir adulte.

C'est un événement normal et incontournable, dans l'univers institutionnel, public ou privé.

Aussi, démystifions le changement ; considérons-le comme un épisode de croissance, de consolidation, de renforcement, et ainsi, nous le rendrons moins traumatisant pour tous les acteurs qui auront à mener le projet à son terme et à sa réussite.

Bien sûr qu'il est nécessaire, voire vital, de changer pour mieux, mais le faire ne veut pas dire que le présent, construit avec le passé, est à refaire du sol au plafond. Ce serait commettre l'erreur de croire que le futur est la négation totale du passé et du présent.

Comme l'a fort justement écrit Antoine de Saint-Exupéry, *« L'avenir n'est jamais que du présent à mettre en ordre. »* !

Et toute la finalité du changement consiste à remettre de l'ordre dans l'existant ; à lui redonner un sens pour affronter le futur, avec un maximum d'atouts et de sérénité.

Car nul ne sait prédire le futur. Certes, nous nous donnons des objectifs. Certes, nous faisons des prévisions, mais tout le monde sait leur imperfection, sinon la vie serait insipide ; les routes seraient toutes tracées ; les erreurs n'existeraient pas et les réussites seraient sans valeur, ni saveur.

Vouloir mettre le présent en ordre, sans prévoir le futur, mais lui donner une chance d'exister sur la durée est assurément le sens de tout changement, dans un environnement professionnel ou institutionnel.

Et si un certain désordre s'est installé ; situation inéluctable au fil des années, quoi de plus pragmatique que déjà d'essayer de le remettre en ordre, avant d'inventer une nouvelle source de désordre. Parce que rien ne se construit sur la durée, en laissant les piliers, les fondamentaux sur la touche.

Tout changement est censé s'appuyer sur un existant.

Mettre de côté cet existant, ne serait-il pas, renoncer de fait, à l'implication de tous les acteurs du changement ?

Qui acceptera de changer, en reniant son identité ?

Qui s'aventurera à se priver des racines, en pensant que pour pousser, les nouvelles branches et les nouvelles feuilles, n'auront plus besoin d'elles ?

Fort de ce qui précède et pour être fidèle à Antoine de Saint-Exupéry, voici en quelques recettes, simples et pragmatiques, ce que changer peut vouloir signifier, dans un environnement professionnel ou institutionnel :

- Être convaincu que le changement ne se décide pas, mais qu'il est la continuité, naturelle et nécessaire, de toute existence, dans un univers, en évolution permanente ;

- Donner un futur à l'existant, en ordonnant ce que le passé a pu désordonner ;

- Ne pas imaginer le futur, mais se mettre en condition d'avoir un futur ;

- Éviter de faire peur, par la négation de ce qui a été fait, mais rassurer en s'appuyant dessus ;

- Déblayer la route à emprunter, plutôt que de tracer une nouvelle route incertaine que tout le monde ne voudra pas emprunter, sachant que la clé d'un changement réussi est d'emporter tous les acteurs, sans en oublier un seul ;

- Admettre la situation de désordre, sans quoi le changement n'a pas de sens ;

- Rassurer très vite sur la capacité à mettre en ordre le désordre, à permettre le futur ;

- Ne pas se donner des objectifs, mais identifier les actions sans lesquelles aucun objectif ne peut être atteint. Et laisser les objectifs se construire en chemin. Oui, nous changeons pour mieux, mais n'est-ce pas à nous de permettre ce mieux ? J'imagine combien je serais cool au bord d'une plage aux Bahamas, mais que fais-je, au-delà de mes rêves, pour vivre concrètement un tel moment ?

- S'appuyer sur les succès du passé et du présent, pour construire les succès du futur ;

- Savoir faire des haltes sur la route du changement, pour montrer combien le désordre se met progressivement en ordre ; ouvrant ainsi la porte à un futur sous les meilleurs auspices. Source de motivation pour les acteurs du changement qui ne peuvent pas le faire, en aveugle, sauf à passer à côté de l'essentiel.

Le changement, ainsi approché, ôte la plupart des craintes quant à ses impacts réels, ses bouleversements. Emportés par le courant inéluctable du changement, ses acteurs l'acceptent bien plus facilement qu'une décision qui les met dans la contrainte de changer, ce qu'on a passé des années à glorifier.

Évitons d'ajouter du désordre au désordre, en chamboulant. Mais changeons, en mettant le désordre en ordre.

Ainsi, nous nous permettrons un futur.

Voyages virtuels dans la vie réelle !

Tais-toi, écoute, réfléchis et apprends !

Se taire n'est pas toujours facile, mais possible. Écouter n'est pas toujours facile non plus, mais jouable. Réfléchir, de même, mais à condition d'avoir le temps de le faire. Apprendre est l'essence même de la vie. Que du bon sens !

À ce propos, voici une anecdote qui me tient à cœur :

⇨ Je donnais des cours de soutien scolaire à un élève de primaire. Un jour, il m'a fait part de sa difficulté pour noter les devoirs à faire à la maison, tant la maîtresse allait vite pour les énoncer. Je lui ai alors demandé pourquoi c'était un problème pour lui. Ce à quoi il m'a répondu : *« À chaque fois qu'elle le fait, je suis en train d'essayer de comprendre, ce qu'elle nous a appris avant. »* Ayant un grand respect pour les enseignants, je lui ai dit : *« Si tu t'y prenais autrement. Par exemple, au lieu de chercher à comprendre a posteriori, essaie de mieux écouter et surtout de ne pas bavarder avec ton voisin. Tu sais la vie, c'est apprendre, comprendre et faire. Tu ne pourras jamais bien faire, si tu n'as pas pris le temps de bien écouter ce qu'on t'a appris, pour mieux le comprendre. Et pour cela, il faut éviter de te disperser. »*

Les rapports entre les humains, ne sont-ils pas, quand ils sont respectueux, un va-et-vient de l'écoute à la parole ? Pouvons-nous par ailleurs dire sans avoir écouté, réfléchi ? C'est un peu notre ego qui agit dans ce cas, non ? Pouvons-nous interrompre l'autre, sans prendre le risque de le froisser ?

Tout dans la vie obéit un ordre logique qu'il convient de respecter. À chaque fois que nous ne respectons pas cet ordre logique, nous portons atteinte à la liberté de l'autre.

En nous mettant maladroitement sur la défensive, nous occultons tout ce qui précède et nous nous laissons, ainsi, dominer par nos émotions.

J'ai adoré cette image, car elle m'a ramené à l'enfance, à l'éducation de mes parents et à l'instruction de mes enseignants.

Essayons de garder cela bien présent, tout au long de notre vie, afin de rectifier le tir, au plus vite, à chaque fois que nous y dérogeons.

Ainsi, nous grandirons, en parlant à bon escient, en écoutant sans nous écouter, en réfléchissant sans créer une neuro-panique et en apprenant, par la captation intelligente de l'expérience et du savoir, transmis par les autres.

Comment ça va, bien ?

« Parler est un besoin, écouter est un art. »

Goethe

S'il y a quelque chose que chacun d'entre nous se doit d'améliorer, c'est bien l'écoute et derrière elle, l'une des valeurs humaines les plus importantes, le respect.

Que signifie écouter ? Définitions du dictionnaire :

⇨ Prêter attention à ce que quelqu'un dit pour l'entendre et le comprendre : écoute-moi quand je te parle ;

⇨ Accepter d'entendre ce que quelqu'un a à dire, lui donner audience : il n'a pas voulu m'écouter ;

⇨ Tenir compte de ce que dit quelqu'un ; suivre : professeur qui sait se faire écouter de ses élèves ;

⇨ Être attentif à un bruit, à un son, à de la musique, etc., les entendre volontairement : écouter de la musique.

Nullement question de m'étendre, ici, sur les différentes formes d'écoute ; je laisse le sujet à des experts qui pourront, bien volontiers, ajouter leur savoir à cette chronique. En revanche, je me permets d'insister sur les points qui me semblent dignes d'intérêt, en lien avec les valeurs humaines.

Pourquoi avons-nous des difficultés à écouter les autres, bien plus qu'à écouter de la musique, par exemple ?

Parce qu'écouter de la musique, c'est la plupart du temps choisir le morceau que nous aurons envie d'écouter jusqu'au bout. Écouter parler jusqu'au bout une personne, même si le thème de la discussion a un certain intérêt, sera plus difficile.

Nous avons tous tendance à nous écouter, nous d'abord, et ensuite à aller chercher dans la conversation de l'autre, les pièces du puzzle de notre ego. Comme si écouter était, nous écouter ; nourrir notre narcissisme.

Pire encore, nous interrompons ; nous abrégeons, le discours des autres, affirmant, par ce biais, assurance et capacité de compréhension. Seulement, voilà, les autres n'ont pas fini ce qu'ils avaient à dire et pour eux, les avoir bien compris, c'est avoir pris la peine de les écouter jusqu'au bout.

Pour faire une comparaison, en France, des solutions sont, assez souvent, proposées avant même que les interlocuteurs n'aient fini d'exposer l'intégralité des problèmes. Alors qu'en Allemagne, par exemple, les interlocuteurs attendent que la présentation des problèmes soit intégralement terminée ; s'assurent d'avoir bien compris, avant de proposer la moindre solution. La meilleure façon de procéder se trouve certainement à la croisée des deux.

⇨ Écouter, c'est respecter !

À l'instar d'ailleurs de veiller à écrire sans faute, avec une bonne syntaxe, et ce, quel que soit le moyen de communication utilisé, écouter est respecter son interlocuteur, ce qu'il a à nous dire, à partager.

L'écoute n'est pas un rapport de force, mais l'acceptation de l'autre dans l'expression de ce qu'il a à dire, à partager.

Il y a de la tolérance dans l'écoute ; à chacun d'en prendre le meilleur, dans le respect de l'autre.

Il y a aussi de la sagesse dans l'écoute. Écouter, c'est avoir le cœur ouvert pour recevoir, sans donner pour autant. Une conversation peut être faite d'écoute et de réponses aux questions de la personne écoutée.

⇨ Écouter, c'est apprendre à aimer !

Il y a beaucoup d'amour dans l'écoute. Amour de l'autre qui peut se manifester, par exemple, par de l'admiration. Les propos sont justes, réalistes, touchants, évocateurs et apprenants.

Apprendre à aimer est difficile ; commencer par apprendre à écouter est une bonne chose.

S'aimer soi est important pour se sentir bien et s'ouvrir à l'écoute, avec le bon dosage, le bon équilibre. Ne jamais blesser les autres, dans l'irrespect de ce qu'ils tiennent à dire.

⇨ Écouter, c'est être réceptif du savoir de l'autre !

Ce n'est pas parce que c'est un ami, un proche ; que nous pensons le connaître mieux que quiconque, que cela doit changer quelque chose dans notre écoute et encore moins interrompre ce que l'autre a à nous dire, comme s'il s'agissait d'un refrain archi connu.

Personne ne peut prétendre connaître l'autre, car c'est une découverte de tous les instants. Et cette découverte est la magie de l'Humain et de la vie.

⇨ Écouter, c'est faire preuve de maîtrise de soi, de son émotionnel !

Écouter, en laissant trop de place à nos émotions, à notre vécu, parasite le processus. Nous devons arriver à écouter, libérés de nos émotions.

Si nous ne sommes pas disponibles pour bien écouter, ne pas hésiter à le dire, est la moindre des courtoisies. Il vaut mieux une écoute reportée qu'une écoute de complaisance.

⇨ Écouter est une valeur humaine !

Par l'écoute, l'Humain grandit, enrichit sa connaissance.

Par l'écoute, l'Humain est humble.

Quand il cesse d'écouter, au sens de bien écouter, il s'isole jusqu'à zapper l'autre, par une sur-considération de soi.

Enfin, l'apprentissage de l'écoute est celui de toute une vie.

Être surdoué (e), une force et/ou un handicap dans la vie ?

Derrière chaque personne surdouée se cache une souffrance, celle d'être différent !

Et la différence se paie parfois très cher, notamment face à des personnes suppressives.

⇨ *« Une personne suppressive est une personne qui cherche à opprimer les gens dans son environnement. Une personne suppressive gâchera et dénigrera tout effort pour aider quelqu'un, et en particulier, elle sapera, sournoisement et violemment, tout ce qui a été calculé pour rendre les êtres humains plus puissants et plus intelligents. »*

Être surdoué ou surdouée ne veut pas dire nécessairement être un génie, à l'image de ceux qui ont fait les grandes inventions de l'Histoire, mais avoir cette intelligence et cette intuition des situations qui sont des accélérateurs de la compréhension de ce qu'il faut faire, de comment le faire et à quel moment. Là où beaucoup hésitent, la personne surdouée fonce, car c'est naturel chez elle : un sixième voire un septième sens.

La personne surdouée ne s'arrête pas à ce qu'on lui demande, elle va bien au-delà et le fait avec son cœur pour servir avant tout, car l'égocentrisme, elle ne connaît pas. Elle n'en a pas besoin ; la valeur ajoutée qu'elle apporte parle d'elle-même ; pas besoin de s'affirmer autrement.

Mais les personnes surdouées (enfants, adolescents ou adultes) sont des êtres sensibles, qui peuvent mal vivre des situations qui visent à mettre leur intelligence sous un éteignoir, parce qu'elles dérangent, font des vagues. Soit vis-à-vis des autres élèves, soit vis-à-vis de la hiérarchie ou même des collègues.

C'est vraiment dommage, car les personnes surdouées sont des moteurs incroyables, pour le monde. Elles ont une capacité à aider au changement hors pair, car elles savent précisément où agir, où intervenir.

Porteuses de vie et d'espoir, les personnes surdouées doivent être traitées avec la considération et la reconnaissance qu'elles méritent. Seulement dans un monde professionnel, hyper hiérarchisé et hypocrite, ce sont les supérieurs qui dirigent et trop souvent mettent à mal les personnes qui vont être capables de proposer et de réaliser ce qu'ils auraient dû faire eux-mêmes, après plusieurs années à occuper leurs postes.

Je ne prétends pas être une personne surdouée, mais je me souviens le jour où un directeur général a dit à mon hiérarchique : « *C'est fou comme ta direction obtient des résultats, depuis l'arrivée de Patrick !* ». Mon arrêt de mort dans l'entreprise venait d'être signé. Et cela s'est malheureusement reproduit à plusieurs reprises, notamment avec des hiérarchiques pervers narcissiques.

Quel paradoxe !

Exiger, qui plus est par une pression constante, des résultats et, en même temps, couper l'herbe sous le pied à ceux qui disposent de toutes les qualités humaines, de toutes les compétences professionnelles, de tout le talent, pour les obtenir.

En fait, que recherchent vraiment les marques, par l'intermédiaire de leurs hauts managers ? De simples bons soldats ou des personnes exceptionnelles, capables de sortir de leurs zones de confort ?

Celles qui gagnent ont déjà fait leur choix !

Voici quelques extraits d'articles choisis, sur le sujet de la douance :

https://finobuzz.com/2015/11/01/les-surdoues-le-monde-du-travail-et-le-principe-de-peter/

⇨ Officiellement, les entreprises sont toujours en chasse des meilleurs *« talents »*. Mais dans les faits, elles se révèlent souvent incapables de gérer la « douance ». Se montrer trop doué, « surdoué », constitue souvent un frein important à une carrière professionnelle.

http://www.lemonde.fr/emploi/article/2015/07/02/les-surdoues-confrontes-au-monde-du-travail_4668044_1698637.html

⇨ La personne douée est comme le guépard, rapide, capable de performances exceptionnelles pendant une courte durée, *« mais qui a ensuite besoin, plus que d'autres, de pauses et de repos »*. S'il est important de sensibiliser le public, c'est aussi qu'il s'agit d'une population large : 2 % de la population, soit plus de 500 000 adultes au travail. *« Nous sommes donc tous presque concernés, soit dans notre entourage professionnel, soit dans notre entourage personnel, par la proximité d'adultes surdoués »*.

http://www.lexpress.fr/emploi/gestion-carriere/surdoues-comment-gerer-leur-difference-au-travail_1320302.html

⇨ *« Tu es ingérable ! »*. Catherine, consultante RH, se souvient de l'exaspération que montrait sa manager à son encontre :

« J'étais pourtant la seule de l'équipe à remplir mon agenda partagé et mes résultats étaient excellents, mais je ne rentrais pas dans les cases, je ne jouais pas le jeu des conventions. Elle n'avait pas de prise sur moi. » Elle n'hésite pas un jour, par exemple, à quitter une grand-messe, organisée par sa hiérarchie,

car elle ne supporte pas le discours aseptisé qui y est servi. Catherine est un *« zèbre »,* une personne surdouée, même si ce qualificatif est difficile à assumer. Elle vit, comme eux tous, un décalage par rapport aux autres, qui colore leur façon d'être au monde et au bureau.

Et je terminerai par cette citation :

« Un peu de folie est nécessaire pour faire un pas de plus. »

Paulo Coelho

Soyons fous.

Quand l'exemplarité devient marginale !

« L'exemplarité n'est pas une façon d'influencer. C'est la seule. »

Albert Schweitzer

Que d'exemples qui montrent, au quotidien, combien les valeurs humaines sont mises à mal, dans ce monde matérialiste, faux, dangereux, sous le contrôle non pas d'un système unique, mais de plusieurs. Ce qui ne manque pas de complexifier sa lecture et les actions en vue de tenter de le changer ou au moins de l'améliorer.

La vie est devenue une affaire d'argent. Les émotions sont exploitées, notamment la peur de manquer, de perdre, de mourir ; une véritable manne pour ceux qui ont compris qu'elles étaient de l'or en barre.

L'empathie, la vraie, pas la bienveillance de façade, étonne. Les moindres attitudes humaines surprennent ; l'exemplarité devient marginale. Beaucoup se complaisent à donner les leçons qu'ils n'appliquent pas à eux-mêmes ; créant ainsi cette culpabilité qui les rend plus forts dans le pouvoir qu'ils ont pris, en se servant d'elle.

Aussi, qu'espèrent ceux qui passent leur temps à chercher à nous influencer, à placer nos libertés sous leur contrôle, si l'exemplarité n'est pas leur code de conduite, si accumuler les fautes, les erreurs, n'est pas grave, mais simplement de l'apprentissage ?

Ce monde, n'est-il que conformisme ?

Ce monde, n'est-il qu'apparat ?

Ce monde, n'est-il que la mise en souffrance d'une grande majorité pour nourrir la mégalomanie, le narcissisme, les ambitions, d'une minorité sans scrupules ?

Combien de fois, avons-nous été ramenés à la loi, au devoir, aux règles et aux chartes diverses, par des individus qui s'en amusent, en petits comités ?

Et pourtant, s'il y a un endroit où l'exemplarité ne doit souffrir d'aucun écart, c'est bien là où les personnes ont le pouvoir de décider, pour le plus grand nombre.

Être exemplaires nous-mêmes est une évidence. Mais vouloir construire un monde exemplaire, quand certains ont un malin plaisir à utiliser cette exemplarité comme si elle n'était que soumission, n'est-il pas illusoire ?

Non, mais si et seulement si, la pression s'inverse et s'opère du bas vers le haut !

N'est-ce pas le devoir de tous de dénoncer les écarts comportementaux, les entorses à l'éthique, des donneurs de leçons, de se libérer de cette peur paralysante ?

Conditionnés, nous le sommes.

Dans une prison à l'air libre, nous le sommes.

Moutons de Panurge, nous le sommes parfois, fatalistes aussi.

Tout changement doit se faire dans la concertation, étape par étape ; l'Histoire ayant démontré que les révolutions n'ont pas vraiment changé les choses, sur la durée, bien au contraire. La révolution française a ôté les pouvoirs au Roi, pour en attribuer d'autres au Président.

Mais le monde, pourra-t-il changer si ceux qui sont aux commandes ne répondent pas aux attentes, aux besoins, de la majorité ; ne font pas l'effort de l'écouter ainsi que de la comprendre ? Un peu comme une Marque qui prend ses clients, de haut.

L'exemplarité emporte, en un seul mot, toutes les valeurs humaines.

Redonnons-lui toute sa puissance, pour éviter qu'elle ne s'installe encore plus dans la marginalité.

Soyons des exemples.

N'avalons plus les anacondas qu'on essaie de nous faire avaler.

Et surtout, cultivons-nous de notre propre initiative ; ne nous abêtissons pas avec la masse d'informations gratuites, subtilement distillées, faites pour mécaniser, pour égarer notre pensée bien plus que pour la structurer, que pour l'enrichir.

« Rien de plus dangereux pour les abuseurs que la connaissance de ceux qu'ils veulent abuser. »

« Je me suis trompé ; j'ai souffert ; j'ai manqué de clairvoyance ; j'ai commis des erreurs ; j'ai essayé d'apprendre d'elles, mais ce que je sais est que tout ce que j'ai fait a été profondément sincère et avec mon cœur et la richesse de mon expérience, comme seuls et uniques guides. »

Patrick Louis Richard

La jalousie, ange ou démon ?

Confrontés à des personnes jalouses, nous l'avons tous été, comme avoir été jaloux à notre tour aussi.

De là à affirmer qu'être jaloux est un état normal, il y a un pas qu'il est maladroit de franchir.

Pourquoi ?

Parce que la jalousie a plusieurs degrés et c'est en cela qu'elle peut être ange ou démon.

Ange, celle qui aide à progresser et à faire progresser sans faire de mal aux autres et à nous-mêmes, que nous pouvons appeler *« jalousie naturelle »*.

Démon, celle destructrice que nous pouvons appeler *« jalousie maladive. »*

Être jaloux, c'est quoi en deux mots ?

C'est envier ce que les autres ont et confondre la possession avec l'amour.

Lorsque la possession se cantonne au désir, les risques, pour les uns et pour les autres, sont plutôt moindres. Lorsqu'elle est obsessionnelle, dans ce cas, les risques sont grands. Et lorsque la possession et l'amour se confondent, ce n'est plus de risque dont il s'agit, mais de réel danger.

Que faire, face à la jalousie ?

- ⇨ Tout faire, sauf l'ignorant de sa propre jalousie ou de celle des autres ;

- ⇨ En comprendre les raisons et tenter d'en limiter les conséquences, par le dialogue, avec soi-même et avec les autres ;

- ⇨ Fuir les personnes atteintes de jalousie maladive, car elle est difficilement curable ;

⇨ Replacer ce qui est essentiel au cœur de sa vie ; attacher plus d'importance à l'Humain et bien moins au matériel ;

⇨ Se protéger, en ayant conscience que la jalousie n'est pas sans effet sur la personnalité.

Par ailleurs, la jalousie se traduit par des paroles, mais aussi par des actes.

Que dire des personnes jalouses, dans l'ombre, qui espionnent les moindres faits et gestes, à la maison comme au travail, rongées par le doute et nourries par la suspicion qu'elles sont ?

Que dire également des personnes frustrées qui jalousent la réussite des autres, incapables d'avoir pu assurer la leur ?

La jalousie, comme l'hypocrisie, est lâche. Elle s'abrite en même temps qu'elle se manifeste.

Personne n'appartient à personne, dans ce monde. La jalousie doit savoir que chaque cage comporte une porte ainsi que des barreaux qui peuvent être écartés, à tout moment.

Le désir de liberté est l'antidote de la jalousie.

Rester jeune, c'est libérer notre esprit de nos habitudes et de nos certitudes !

« Profite de chaque moment si tu ne veux pas, plus tard avoir des regrets, et te dire que tu as perdu ta jeunesse. »

Paulo Coelho

Le cerveau enregistre tout et comme il est relativement fainéant, il va se complaire dans les automatismes, dans les habitudes, dans la routine. Donc, dans tout ce que nous allons lui demander de faire, sans qu'il ait trop à se casser la tête.

Seulement, voilà, quand nous laissons notre cerveau s'enfermer dans la paresse, nous vieillissons !

Ce sujet de la jeunesse a maintes fois été évoqué et par des éminents spécialistes. Ce que je souhaite faire ici est de partager, avec vous, ce que *« jeunesse »* signifie pour moi, ouvert, bien volontiers, à vos appréciations et commentaires :

- ⇨ **L'harmonisation de son vieillissement !** Être en harmonie entre ce que l'on fait pour son visage, pour son corps, pour paraître jeunes et l'état d'esprit dont on fait preuve. Parce qu'un visage aux rides effacées ; un cœur rempli de rancœurs et un cerveau bourré de certitudes, ne sont que des dissimulations de la vieillesse ;

- ⇨ **La liberté de ses folies !** Être fou, le plus fréquemment et le plus longtemps possible. Rire, sourire, déconner, parce que le sérieux fait vieillir plus vite. Ne pas louper une seule occasion de se lâcher, de se libérer de ses freins, de ses interdictions, placés sur son parcours de vie. Vivre en original, pas en copie ;

- ⇨ **Le côté multigénérationnel de ses relations !** Rester jeune consiste à s'ouvrir à toutes les générations, pour échanger, pour transmettre et pour recevoir ; pour procurer de la fraîcheur à son esprit, l'oxygéner. Ainsi, il gardera cette agilité, cette souplesse, cette aisance, à être toujours au fait des réalités générationnelles.

Comme l'a écrit si joliment Françoise Sagan : *« La jeunesse est la seule génération raisonnable. »*

Rester jeune, parmi les jeunes, tel est le défi à relever ;

⇨ **La volonté de sortir de sa routine, de sa zone de confort !** La vie n'est ni rectiligne ni protocolaire. Certes, accomplir des actions routinières est nécessaire, mais nul n'est obligé de le faire avec la même chronologie, chaque jour qui passe. Bouleverser ses attitudes et ses habitudes, pour que son quotidien soit riche en surprises faites à soi-même et aux autres aussi. Et commencer tout de suite, si ce n'est pas déjà fait ;

⇨ **L'éclosion de sa créativité !** La créativité transcende le talent et se découvrir des talents au fil de sa vie, c'est se donner plusieurs occasions de renaître, de prendre d'autres chemins, de faire de ses rêves des réalités. Renaître, c'est rester jeune ; s'étonner et étonner.

L'étonnement, n'est-il pas, dans un couple par exemple, la meilleure façon de s'inscrire dans la durée et dans la complicité ?

⇨ **La culture de sa tolérance !** Les épreuves de la vie pourraient rendre dédaigneux, autant que les connaissances pourraient rendre orgueilleux et hermétiques. Refuser d'emprunter le chemin qui emprisonne la jeunesse qui est en soi.

Cultiver sa tolérance par le dialogue, par l'écoute, mais aussi par l'intelligence de n'avoir de jugement sur rien. Car juger, c'est écarter et écarter, c'est vieillir ;

⇨ **Le respect de son corps !** Un esprit sain dans un corps sain, l'un ne va pas sans l'autre. Le corps sait donner des signaux, à chacun de les écouter, sans attendre de se retrouver dans un état de burn-out. Rien n'est plus important, dans la vie, que la santé, mentale et physique.

« Qui veut retrouver sa jeunesse n'a qu'à reprendre ses folies. »

Oscar Wilde

Pourquoi l'imperfection, donne-t-elle tout son sens à la perfection ?

« La perfection est une imperfection plutôt réussie. »

Patrick Louis Richard

La perfection, le summum de l'excellence, n'est guère de ce monde. En revanche, l'amour du travail bien fait, l'est ; même si celui-ci, comme la chose bien faite d'ailleurs, comporte au final quelques imperfections.

Complémentaires et antagonistes, la perfection et l'imperfection sont ce tout et son contraire qui rend l'appréciation du résultat, plus qu'incertaine. Résultat qui n'est pas vu de la même manière par tout le monde, parce qu'il y a une part de subjectivité dans la conception que l'on se fait de la perfection et de l'imperfection.

Aussi, affirmer que la perfection est une imperfection plutôt réussie n'est point se fourvoyer, mais se rapprocher de la réalité.

Certes, il y a des normes qui définissent la qualité, passage obligé en vue de s'engager sur le chemin de la perfection, mais chacun sait qu'obéir à une norme conduit rarement à la perfection et peut même engendrer des coûts importants, pour des résultats relativement satisfaisants.

Une chose est sûre cependant. Une chaîne qui opérerait sans contrôle de la qualité, à chacune des étapes majeures de la fabrication, serait une véritable usine à imperfections. Imperfections qui ne manqueraient pas d'installer et d'entretenir un climat interne détestable, avec une pression de tous les instants, mise sur les équipes, par la haute hiérarchie et par répercussion par la hiérarchie de proximité. Le serpent qui se mord la queue ; pas le cycle vertueux, mais le cycle infernal. Durant mon parcours, j'ai eu à réorganiser des chaînes de fabrication qui étaient dans l'obligation de passer en atelier de réparation 80 % de ce qui était produit !

Il est clair que ce ne sont pas ces imperfections qui donnent tout son sens à la perfection, mais plutôt celles inévitables qui résultent d'un travail effectué avec la volonté de bien faire.

Apprendre des imperfections, générées ou inévitables, en vue de tendre vers la perfection, ne relève-t-il pas de la même sagesse que d'apprendre de ses échecs, pour mieux réussir ensuite ?

C'est un peu comme dans la vie, pour apprécier le bonheur, il convient d'avoir connu des moments moins heureux.

Quand les émotions s'emballent, la personnalité se trouble !

Bon nombre d'articles ont été écrits et bien écrits, par d'éminents spécialistes, sur les émotions.

Ce billet n'est clairement pas là pour les paraphraser, mais pour partager, avec vous, la richesse d'un vécu.

Il n'y a aucune honte à dire ses vulnérabilités. Bien au contraire, les dire, c'est en avoir pris conscience et en avoir pris conscience, c'est gagner en invulnérabilité, donc en stabilité émotionnelle. Avouer, par exemple, ses points faibles ou à améliorer, lors d'un entretien de recrutement, est loin d'être une démarche contreproductive, mais au contraire une démarche responsable.

Les raisons pour lesquelles les émotions s'emballent sont diverses et variées, à rechercher bien souvent dans l'enfance. Le propos ici n'est pas d'en parler dans le détail, parce qu'elles sont propres à chacun, le fruit de son histoire.

En revanche, voir les risques que peut faire courir un *« émotionnel imprévisible »*, en particulier dans l'univers professionnel, s'inscrit parfaitement dans ma volonté d'aider mon prochain et de transmettre.

Chacun sait que le monde du travail n'est pas le monde des bisounours. Les enjeux, économiques et humains, notamment, sont considérables ; la concurrence est impitoyable ; les erreurs se paient cash. Ainsi, ce n'est pas vraiment l'endroit où les émotions doivent faire du yoyo.

Pourquoi ?

Parce que lorsque les émotions font du yoyo, c'est la personnalité qui montre des signes sérieux d'instabilité. Et une personnalité instable, c'est bien souvent une personnalité trouble ou un trouble de la personnalité.

Parce qu'une personnalité imprévisible, incernable, qui peut passer, en un instant, du génie à l'absurde ; qui peut dans le même laps de temps dire tout et son contraire ; qui peut exprimer une colère sortie de nulle part et infondée au regard du contexte dans lequel elle se manifeste, engendre systématiquement le doute ; le manque de confiance ; le rejet : mise à l'écart.

Sans compter que la réitération de ce type de comportements, guidés émotionnellement, peut être la source de graves problèmes relationnels, tant avec la hiérarchie qu'avec les équipes, les collègues. Problèmes relationnels qui ont immanquablement des répercussions directes sur ce qui est attendu des personnes, agissant ainsi, à savoir être performantes et stables dans la performance, qu'elle soit commerciale ou opérationnelle.

Un processus d'autodestruction irréversible, si la personne concernée n'y prend pas garde ; si elle reste sourde aux conseils de ceux qui lui veulent du bien, bien souvent ses hiérarchiques eux-mêmes qui font d'abord preuve de bienveillance, avant d'adopter un comportement plus coercitif, en cas de persistance, d'absence d'efforts aux effets constatables et constatés.

Des émotions qui s'emballent avec leurs conséquences directes, relève-t-il d'une situation particulièrement difficile à contrôler ? Assurément non, car qui d'autre, que la personne concernée, est censé se connaître aussi bien qu'elle. Généralement, les mots ou les actes qui en résultent n'arrivent pas comme un cheveu sur la soupe. Il y a des signes annonciateurs, précurseurs, en elle, qui ne trompent pas : angoisse ; panique ; imagination de ce qui n'est pas ; sentiment d'injustice ou peur d'être incomprise, non considérée, etc.

Comme dans toute maladie - une absence de contrôle récurrente de ses émotions peut être considérée comme une maladie, plus vite, les symptômes seront identifiés ; plus vite, un diagnostic sera posé ; plus vite, la prise en charge thérapeutique aura lieu ; plus vite, la guérison pourra se faire.

Aussi, comment la personne concernée, peut-elle lutter contre et arriver enfin à stabiliser son émotionnel, par une meilleure maîtrise contextuelle de ses émotions ?

- En prendre conscience et l'admettre. Rien de positif et de constructif ne pourra se faire sans cela ;

- Éviter de résister aux autres, en niant notamment ce qu'ils lui disent pour son propre bien, mais pour le leur aussi, et par conséquent celui de la structure toute entière ;

- Comprendre le pourquoi à la fois des émotions, de leur systématisation et de leur absence de contrôle ;

- Chercher à savoir dans quelles circonstances particulières, les émotions s'emballent ;

- Apprendre à se connaître, à identifier ses traits de personnalité hors périmètre de ceux de la majorité : hypersensibilité, hyperémotivité, deuils partiellement ou pas du tout faits, frustrations cachées, possessivité, égoïsme exacerbé, etc. ;

- Travailler sur soi, car elle seule peut y remédier, en se faisant accompagner par un spécialiste, le cas échéant ;

- S'accorder un break salutaire, en quittant, par exemple, temporairement et dans la mesure du possible, le monde du travail, afin de se refaire émotionnel, *« tout neuf »* ;

- Ne jamais croire que les amis, les proches, sont les interlocuteurs les mieux placés. Ce serait dangereux et profitable à personne. Ils peuvent alerter, sensibiliser, mais en aucun cas se substituer à un accompagnement, par un spécialiste.

Ce qui précède, considéré et mis en pratique, le chemin qu'il reste à parcourir est long, parfois même très long, car autant, il faut du temps pour bouleverser son émotionnel, autant, il faut du temps pour le stabiliser, le maîtriser, le remettre en ordre.

Il est clair cependant que bien des signaux sont donnés. Encore faut-il les voir, les entendre. Il en va de la « *pérennité relationnelle* » dans l'univers du travail, mais aussi dans la vie privée.

Quel fantastique chemin parcouru, lorsque la personnalité apparaît au grand jour, telle une force inébranlable ; celle procurant cette assurance qui attire le respect et l'envie de la suivre.

Maîtriser son émotionnel est l'un des plus beaux défis à relever que la vie ait confié à l'Humain.

Tout ne peut pas être parfait du jour au lendemain, mais progresser, jour après jour, est le signe d'une maturité qui s'affirme et de la volonté de se sortir de ce qui, bien souvent, a rattrapé l'émotionnel, à savoir cet enfant blessé psychiquement, qui sommeille et qui vient créer le désordre, alors que le monde s'attend à avoir en face de lui, un adulte responsable.

Pourquoi, ne faut-il pas confondre les bons-vivants avec les cons-vivants ?

Dans la série des billets, au ton léger, de l'été, histoire de décoincer les « *coincés du cul* » qui, à longueur d'année, n'ont que les mots « *business* » ; « *profit* » ; « *réussite* », dans la bouche et de faire sourire les nombreuses personnes que j'apprécie ici, voici après les « *faux-culs* », « *les bons-vivants* » et les « *cons-vivants* ».

Je ne vais pas me lancer dans la description d'un tableau comparatif, parce que je ne tiens pas à me replonger dans l'univers impitoyable du taf. Ceci me rappellerait trop le tableau Excel, exigé par ce mégalo de DG auquel je n'ai pas cédé pendant plus de 3 heures, juste pour démontrer que 6 000 € de charges étaient inférieurs à 80 000 € de marge nette, alors que j'avais d'autres chats à fouetter, avec mes équipes.

Aussi, pardonnez ma paresse estivale, en ce jour lunaire ; cela se fera de la plus simple des façons, en deux paragraphes !

1. **Qui sont les bons-vivants ?**

Quel délice de les décrire !

- Ils (hommes, femmes) sont super attachants, mêlant à la fois assurance et fragilité, car ils cachent toujours quelque chose les bons-vivants, derrière leur Amour de la vie, avec un grand A ;

- Ils ne sont pas les fans de Jupiter, pfff, mais d'Epicure ;

- Ils ne cachent pas leurs défauts, leurs excès. Ils sont vrais comme la vérité ;

- Ils prennent la vie comme elle vient, sont les as de relativisation et de l'anti-nouage du cerveau ;

- Ils n'apprécient guère les *« ils se la pètent »* et les *« m'as-tu vu »* ;

- Ils pestent souvent face aux problèmes qui perdurent, mais proposent des solutions aussi, car ils sont très attachés aux valeurs, à l'histoire et à la mémoire de leurs ancêtres ;

- Ils commettent des erreurs, mais ne se cachent pas derrière, car mentir pour eux n'est pas institutionnel. S'ils avaient envie de le faire, cela se verrait comme le nez au milieu de la figure, tant ils sont expressifs ;

- Ils ont le langage fleuri, mais jamais offensant…

2. Et les « *cons-vivants* », ?

Pouah !

- Ils (hommes ou femmes) sont emmerdants à mourir ; ce sont des monomaniaques ;

- Ils étalent leurs connaissances, leurs relations, leurs titres, leur influence, leurs fortunes, comme de la confiture ;

- Ils ont un langage tiré à quatre épingles, sous les projecteurs, devant les caméras, mais dérapent bien vite dans l'ombre, avec des mots que les *« voyous ayant le sens de l'honneur »* n'osent même pas se dire entre eux ;

- Ils font semblant de respecter les valeurs, quand elles leur servent à quelque chose ;

- Ils ont l'autruche et le sable, comme témoins de leur franchise ;

- Ils dissimulent leurs erreurs les plus graves. *« Pas vus, pas pris »* ou font mine de les ignorer, dans le déni qu'ils sont ;

- Ils passent pour des intelligents ; reste à savoir ce qu'intelligence veut dire, en ce qui les concerne ;

- Ils tirent la couverture à eux et emberlificotent, autant qu'ils mentent et manipulent ;

Certains vont penser que j'exagère. Attention, je chasse les faux-culs (sourire). C'est sûr, il y a des cons-bons-vivants aussi. Le tout est d'arriver à savoir quelle est la part d'hypocrisie comparativement à l'amour de la vie, chez eux.

Croyez-en mon expérience, mais aussi très certainement celle de beaucoup d'entre vous, les bons-vivants m'ont fait avoir des barres de rire et des moments inoubliables. Les cons-vivants ont failli avoir ma peau, l'ont eu partiellement. Grrrrr.

Assurément, ceux qui trinquent le plus dans ce monde, en particulier en France, ce sont les bons-vivants. Heureusement qu'ils le sont, sinon ils seraient déjà à six pieds sous terre.

Faux-culs, aux abonnés présents !

Plus faux-cul et pète plus haut que son cul qu'eux, tu meurs !

Dans un bal masqué, ils seraient les seuls à ne pas porter un masque, parce que les faux-culs le sont à visage découvert. C'est leur marque de fabrique.

À croire que cela flatte leur ego ; transcende leur narcissisme ; donne des ailes à leur mégalomanie.

Et les faux-culs, qui sont-ils vraiment ?

- Des personnes « *super* », seulement en apparence ;
- Des individus, rusés et pervers, qui retombent toujours sur leurs « *faux-culs* » ;
- Des as du brossage, dans le sens du poil, de l'ego ;
- Des beaux parleurs et des idéalistes, positivistes ;
- Des champions du « *Je t'aime, moi non plus !* », ainsi que du « *Ce n'est pas moi, c'est l'autre* » ;
- Des serre les coudes, en bandes de copains, organisées ;
- Des héros frustrés ;
- Des gens capables de noyer leurs responsabilités, en pratiquant la dérision et la politique de l'autruche ;
- Des menteurs, des manipulateurs pathologiques, respirant l'hypocrisie à plein nez ;
- Des arroseurs plutôt maladroits et méchants, quand ils sont arrosés à leur tour ;
- Des ténors pour faire culpabiliser ; pour faire passer pour fous ; pour jouer aux victimes ;
- Des emberlificoteurs, vendeurs de poudre de Perlimpinpin.

Et comme ils sont poursuivis par leurs longues études, ils n'ont pas besoin de faire leurs preuves pour accéder aux plus hautes fonctions ; à croire qu'il faut être un faux-cul, pour brûler les étapes. Un peu quand même, non ?

Les faux-culs ont été aux abonnés présents, durant mon parcours professionnel ; de quoi remplir un album complet, avec leurs bobines, arborant des sourires de cent mètres de long, aussi hypocrites que le reste.

Des faux-culs, aussi différents les uns que les autres ; notamment ceux qui vantaient mes mérites, en public, et qui me descendaient, en petits comités, et pas n'importe lesquels. De mon côté, je me décarcassais, sans compter mes heures (près de 19 heures par jour passées hors de mon domicile), en pensant qu'ils auraient un soupçon de reconnaissance ou a minima de franchise. Grrrrr ! Que de temps gaspillé, en tant que subordonné à des hiérarchiques qui broyaient les talents, à tour de bras, et qui conservaient autour d'eux, pour la plupart, incompétence et pas de vagues.

Ces faux-culs qui ne regardent pas à dépenser pour eux et pour leurs protégés, mais qui exigent aux autres de faire des économies, parfois substantielles.

Ces faux-culs qui, tous les matins, se rendent dans les bureaux des assistantes de direction, pas celles de leur garde rapprochée bien évidemment, pour prendre la température de l'inimitié potentielle ou réelle, dont ils sont hypocritement responsables.

Facilement repérables, en particulier par des vieux singes à qui on apprend plus à faire la grimace, ces faux-culs parviennent néanmoins à retomber sur leurs pieds en toute occasion ou presque, du haut de leurs subterfuges et de leurs coups tordus.

Et pour rejoindre le clan des faux-culs, il faut montrer patte blanche, autrement dit à quel point nous pouvons être des faux-culs, nous-mêmes, pour entrer et durer, au sein de leur cour. Au royaume des faux-culs, seuls les faux-culs sont rois.

Aucun doute, les faux-culs n'ont jamais autant été aux abonnés présents !

Enfin, mon petit doigt me dit que, comme pour mes publications sur les personnes perverses narcissiques, celles et ceux qui aimeront et commenteront ce billet, ne seront pas des faux-culs ; ces derniers sachant se montrer bien discrets, car ce qu'ils font, c'est dans le dos qu'ils le font !

Les gens bien !

« Le spectacle des méchants a fait les gens bien, comme celui du ridicule a fait les gens de goût. »

Antoine de Rivarol

J'aurais pu choisir d'opposer les gens bien aux gens mauvais. Tel ne sera pas le propos de ce billet.

Celui-ci se concentrera uniquement sur :

⇨ Qui sont les gens bien ?

⇨ Qu'apportent-ils ?

⇨ Pourquoi sont-ils des marginaux, aux yeux de certains ?

Qui sont les gens bien ?

- Ils (hommes, femmes) font sans faire de bruit ;
- Ils n'attendent rien de personne ;
- Ils ont enfermé depuis longtemps leur ego, leur narcissisme, leur mégalomanie, à triple tour, dans un tiroir ;
- Ils sont respectés, même si ce n'est pas toujours le cas, parce qu'ils savent respecter ;
- Ils ont le cœur et l'humilité pour seuls guides ;
- Ils réussissent, par eux-mêmes, sans chercher à prendre la place des autres ;
- Ils reconnaissent et assument leurs erreurs ;

- Ils écoutent pour apprendre et pour comprendre, avant de répondre ;
- Ils parlent un langage, compréhensible et maîtrisé ;
- Ils œuvrent pour le bien, sans s'en servir pour eux-mêmes ;
- Ils ne font pas qu'observer, mais ils agissent ;
- Ils contribuent plus qu'ils ne s'attribuent ;
- Ils n'ont pas besoin des lois, des règles pour avoir des comportements, tout à leur honneur ;
- Ils ont une bonne maîtrise de leurs émotions.

Qu'apportent-ils ?

- Du bonheur, du bien-être, de la joie, des sourires ;
- De l'expérience, car pour eux, elle n'a de valeur que si elle est partagée, transmise ;
- De la confiance, de l'équilibre et leur pierre à l'édification d'un monde meilleur ;
- De la justice, de l'équité, de la dignité, au service de l'éthique ;
- De la réflexion pour ceux qui n'ont pas choisi la même voie ;
- De l'exemplarité, sans être de la modélisation ou du perfectionnisme, car nul ne sait être parfait sur cette terre, seulement bien ;
- De l'espoir, de l'envie, de la persévérance.

Pourquoi sont-ils des marginaux, aux yeux de certains ?

- Les gens bien dérangent, on dit même qu'ils sont contre-performants ;
- Ils n'ont pas le sens des réalités, sont trop idéalistes ;
- Ils sont hermétiques à la réussite pour la réussite ;
- Ils parlent trop ;
- Ils se fichent du cadre et en sortent à chaque fois qu'ils le peuvent ;
- Ils sont des rebelles, des justiciers, dans l'âme.

Pourtant, que serait le monde, sans les gens bien ?

Est-il possible de faire confiance aux gens d'une autre nature, pour ne pas dire mauvais, pour bâtir un monde qui fait le bien ?

L'actualité au quotidien, ne cesse-t-elle pas de montrer toute l'entendue du chemin qu'il reste à parcourir ?

Mais les gens bien ont aussi cette qualité, ils ne lâchent rien ; leurs valeurs ne sont pas négociables. Ce sont des guerriers !

Ne sommes-nous pas, à la base, des personnes plus ou moins mauvaises ou méchantes, avant de devenir des gens bien, parce que le bien, comme la vie, s'apprend ?

Abus de pouvoir, quels remèdes ?

« La vraie démocratie ne viendra pas de la prise du pouvoir par quelques-uns mais du pouvoir que tous auront de s'opposer aux abus du pouvoir. »

Gandhi

Ce billet, comme tous les autres, s'inscrit dans mon combat, mais aussi le vôtre, pour un monde, plus humain, plus juste, et le mot combat n'est pas une surévaluation de la tâche qui est devant nous. Il se veut général, fruit d'un vécu, et complètement libéré de toute dimension contextuelle.

Dans le monde d'aujourd'hui où le moindre écart, le moindre oubli, le moindre incident de la vie, attirent les foudres, pour remuer encore plus le couteau dans la plaie, histoire de renforcer les pouvoirs de ceux qui ne dirigent pas, mais dominent, il y a ces abus *« légaux »* que sont les abus de pouvoir.

Abus de pouvoir qui ne sont pas sans occasionner des dommages considérables.

Les lois ; les règles ; les procédures ; les modes opératoires, sont là et c'est tant mieux. Ils font partie des fondations de toute vie avec les autres ; mais les usages et les comportements aussi !

Pourquoi les abus de pouvoir, occasionnent-ils des dommages considérables ?

Éléments de réponse…

Les dommages considérables, occasionnés par les abus de pouvoirs, résultent principalement de l'ego. Les gens de pouvoir : uniquement ceux qui abusent de leurs pouvoirs, pas les autres, sont des êtres humains comme les autres, à cette nuance près :

⇨ Ils (hommes, femmes) jouent constamment avec le feu, « *au pas vu, pas pris* ». Ils agissent en mode borderline et entretiennent le copinage, sous couvert de méritocratie équitable.

Les abus de pouvoir n'ont pas de limites. Ils sont trop souvent la conséquence directe de l'étendue des pouvoirs conférés légalement, mais également inventés par les gens de pouvoirs ; leur imagination étant à la hauteur de leur narcissisme, de leur mythomanie et de leur mégalomanie.

Ce qui précède laisse imaginer la nature des dommages occasionnés, par de tels comportements.

À savoir :

⇨ **Dommages résultant de profondes injustices !**
Les potes ; les copains ; les camarades de promotion, sont servis en premier et largement, sans autres critères objectifs que ceux-là. Il n'y a pas de serment officiel, comme dans certaines congrégations, mais un serment officieux de tout faire pour se serrer les coudes, chacun étant redevable de quelque chose à l'autre. Ceci engendre de profondes injustices ; ferme la porte à des personnes bourrées de talent, mais gênantes pour ces appareils qui se disent parfaitement huilés, parce qu'ils ont toujours une idée d'avance ; une façon de faire d'avance ; un pragmatisme qui se heurte à la théorie, aux discours dithyrambiques, d'avance ;

⇨ **Dommages résultant d'une accumulation d'erreurs, dues à un aveuglement et à un entêtement, démesurés !**
Ceux qui abusent de leurs pouvoirs sont de véritables têtes de mules. Usant de tous les subterfuges, volontairement aveugles et amnésiques quand cela les arrange, ils vont jusqu'au bout de ce qu'ils entreprennent ou engagent, et ce, quel qu'en soit le prix.

Cette attitude pourrait être vue comme méritoire, mais en approfondissant, c'est une autre affaire. Aveuglés par leur ego, les abuseurs n'écoutent que ceux qu'ils ont envie d'écouter et se privent ainsi d'un nombre non négligeable d'avis éclairés, expérimentés ; avis dont ils n'ont que faire, parce qu'ils proviennent de faiseurs de vagues.

Les abuseurs de pouvoirs affichent, à la lumière, une confiance hallucinante en eux ; une confiance relative en leur garde rapprochée et une confiance de façade en leur stratégie, au point de s'accorder le luxe de se priver de la confiance de ceux qui auront à mettre en œuvre et à vivre, au quotidien, les changements, les réformes qu'ils engagent. Dans le déni absolu, les abuseurs de pouvoirs commettent des erreurs en cascade qui, une fois chiffrées, peuvent représenter des montants colossaux. Quand elles sont source de graves sanctions pour les autres : ceux qui ne sont pas dans leurs clans, elles ne sont pour eux que les accidents normaux du cycle d'apprentissage ;

⇨ **Dommages résultant de l'implacable volonté de domination et de soumission de ceux qui ne jouent pas dans la cour des abuseurs de pouvoirs !**
Tout est pensé et fait pour soumettre, diviser, affaiblir. Quand les crabes se défient entre eux sur la plage, les requins les observent avec une satisfaction qui en dit long sur leurs intentions. La réussite des gens venus de nulle part doit rester marginale, juste pour que les abuseurs puissent se faire mousser de temps en temps, parce que les valeurs humaines, ils les connaissent en théorie, mais beaucoup moins en pratique.

Liste non exhaustive !

Il est de notre pouvoir et de notre devoir, en tant qu'êtres humains bâtisseurs du monde de demain, de dénoncer au moyen de preuves, tangibles et vérifiées, les abus de pouvoir, auprès d'instances neutres ; même si leur neutralité est elle aussi relative. Pourquoi au moyen de preuves, tangibles et vérifiées ? Parce que dans un monde où les moyens de communication virtuels et traditionnels sont nombreux, la tentation à la délation est facile, mais également dangereuse, quand elle revêt un caractère diffamatoire, s'appuie sur des écrits ou des images, contestables. Et les exemples, sur ce point, ne manquent pas.

Seulement, voilà, pour agir ainsi, il est nécessaire de faire preuve de courage ; de mettre notre égoïsme et nos peurs dans nos poches ; d'oser perdre notre travail, par exemple, avec toutes les conséquences que cela entraîne. À chaque fois que nous sommes confrontés, dans l'exercice d'une activité, à des abus de pouvoir et que nous restons, sans réagir et sans agir, nous nous rendons complices de leur entretien et pire encore de leur prolifération. Autrement dit, en conscience ou en inconscience, nous nous faisons fi des dommages qu'ils occasionnent sur les autres, tant qu'ils ne causent pas de dommages sur nous-mêmes : l'égoïsme dans toute sa malignité !

Par ailleurs, lutter contre les abus de pouvoir est salutaire, économiquement et humainement.

Nous résigner, en pensant que le monde est ainsi depuis des siècles, en pensant que c'est le rôle de chacun de s'adapter ; ne fait que renforcer les abus de pouvoir, leur dérouler le tapis rouge.

Avant de mettre un point final à ce billet, je souhaite, de tout cœur, rendre hommage, aux personnes qui ont le sens du devoir et du service au pouvoir ; qui exercent leurs responsabilités, en veillant en permanence au confort de chacun et de tous. Elles existent, mais sont encore trop minoritaires, comparativement aux abuseurs de pouvoirs qui se servent bien plus qu'ils ne servent.

L'humilité, une valeur malmenée ?

« Mettre quelqu'un à genoux, c'est l'humiliation, se mettre à genoux, c'est l'humilité. »

Daniel Morin

Certains diront ou disent déjà : cela sert à quoi d'écrire des chroniques, des billets, des articles, sur des évidences ?

À ceux-là, il est utile de répondre poliment que chacun est libre de lire ou de ne pas lire. En revanche, les commentaires qui, d'emblée, critiquent, et parfois de manière acerbe, qu'apportent-ils vraiment ? Rien ! Un exemple, sur une publication faite récemment : *« Post parfaitement inutile et totalement affligeant. »*

Alors, oui, les évidences méritent des rappels, car l'Humain a parfois, volontairement ou involontairement, la mémoire courte ; pour ne pas dire une utilisation contextuelle de la mémoire des valeurs.

Et parmi les valeurs, il y en a une qui est fortement malmenée : l'humilité !

Les causes sont multiples et les conséquences, parfois dévastatrices.

Dans cette surenchère de la réussite ; de l'élitisme ; de la puissance ; du pouvoir, difficile de faire preuve d'humilité, de dire la réalité de qui nous sommes au risque d'être jugés, catalogués, montrés du doigt, rejetés.

Le mensonge récurrent, sur nous et sur les autres, s'est institutionnalisé.

Et si le mensonge a une constante, c'est bien l'orgueil ; le narcissisme ; la mégalomanie ; la volonté d'être plus forts et parfois même d'écraser les autres pour réussir ; une forme de putsch en quelque sorte.

Alors que, en particulier, dans les précieux conseils, pour réunir toutes les chances de trouver un emploi ; pour apprendre à vivre ensemble, l'humilité est une valeur comportementale, régulièrement mise en avant.

Encore un des paradoxes de ce monde qui veut et qui fait, tout et son contraire.

Et la cohérence dans tout cela ?

Pas aussi rare que les pierres précieuses, mais presque !

Attendre que les épreuves de la vie soient pour certains les occasions de les amener ou de les ramener à l'humilité est dramatique. Que de dommages, de toute sorte, pourraient être évités.

Autre paradoxe, les invitations à être nous-mêmes n'ont jamais été aussi nombreuses, et quand nous le sommes, voici ce qui se passe :

⇨ Si nous sommes trop confiants, c'est louche !

⇨ Si nous sommes trop humbles, c'est louche !

⇨ Si nous osons aborder des sujets pointus et que nous n'avons pas étudié dans une grande école, c'est louche !

⇨ Si nous occupons un poste important, en venant de nulle part, c'est louche !

⇨ Si nous avons eu des expériences professionnelles ou autres brèves, c'est louche !

⇨ Si nous sommes discrets, posés, réfléchis, c'est louche !

⇨ Si nous sommes dans l'Être et non dans le Paraître, c'est louche !

Mais qu'est-ce qui n'est pas louche, alors ?

- D'être un sans scrupule ; un menteur ; un manipulateur ; un illusionniste ; un beau parleur ; un sans foi, ni loi, dans le fond, mais pas dans les apparences ; une pâle copie de soi-même ?

Oui, et c'est bien triste, dans une société où l'argent et la réussite sont les moteurs, l'humilité est une valeur malmenée, en déroute.

Cela, veut-il dire que pour exister dans ce monde, hypocrite et égoïste, il faut mettre de côté ses valeurs ?

Assurément, non, car le faire serait périlleux.

Les valeurs humaines, dont l'humilité, le respect, la tolérance, sont les fondamentaux de la vie.

Elles ne s'improvisent pas ; elles ne s'accommodent pas ; elles ne se négocient pas ; elles existent ou n'existent pas.

Ayons l'humilité de rassembler nos connaissances, au lieu de nous servir de celles des autres, pour notre propre compte !

Ayons l'humilité d'exposer nos forces, mais aussi nos faiblesses, au lieu de les dissimuler, par peur de perdre, de manquer !

Ayons l'humilité de reconnaître que si nous sommes ce que nous sommes, c'est aussi grâce aux autres !

N'attendons pas que la mort et la maladie nous rappellent à l'humilité.

S'il est nécessaire que nous entrions en résistance pour défendre nos valeurs, dont l'humilité, alors faisons-le, sans hésiter !

Faire avec plaisir, un art de vivre !

Et tout commence par accepter, de la plus courtoise des manières :

- D'accord !
- Avec plaisir !
- C'est une bonne idée !
- Cela me convient !
- C'est entendu !
- Pas de problème !
- Volontiers !

Ce matin, je regardais mon épouse préparer la cuisine. Et je lui ai dit : *« C'est extraordinaire le plaisir que tu mets, dans tout ce que tu fais. Ne change rien. »*

Quel bonheur de vivre ; de côtoyer des personnes qui portent le plaisir sur elles et en elles !

Quelle source d'inspiration, de plaisir pour nous-mêmes !

Quel régulateur de notre propre plaisir !

Parce que le plaisir est contagieux, n'est-ce pas ?

Il est vrai que la vie n'est pas toujours drôle, mais est-ce, une raison pour enfermer, à double tour, notre plaisir de faire, dans un tiroir ?

À cet instant, je prends beaucoup de plaisir à écrire ce billet. Mes yeux font pétiller les touches de mon ordinateur.

Faire avec plaisir donne autant de plaisir que de partager ensuite ce que nous avons fait, avec plaisir. Rappelons-nous ces moments de notre enfance où nous étions fiers de montrer nos notes ; fiers d'avoir réussi ; fiers d'avoir su écouter et intégrer les conseils de nos parents, de nos enseignants.

Parce que dans le plaisir, il y a quoi ? De l'Amour avec un grand A et de la Joie avec un grand J. Et vivre sans amour et sans joie sont la pire des choses qui puisse nous arriver.

Faire avec plaisir, c'est :

- Aimer ce que nous faisons, avant tout, et ceux pour qui nous le faisons. Et dans « *ceux* », il y a nous. C'est en cela que le plaisir est le plus puissant des antidépresseurs, des anxiogènes, et sans les effets secondaires ;

- Décider ; changer ; nous changer les idées, quand ce que nous faisons ne nous procure plus de plaisir, quand l'ordinaire prend le pas sur l'extraordinaire ;

- Partager notre plaisir. Quelle sensation merveilleuse que de sentir que le plaisir que nous ressentons est aussi ressenti par l'autre, par les autres ;

- Faire preuve d'humilité, car le plaisir n'est ni orgueil ni arrogance ni pouvoir sur les autres. Il est profondément empathique et authentique.

Il n'appartient qu'à nous de faire du plaisir un art de vivre.

Ainsi, les épreuves de la vie seront plus douces.

Ainsi, les autres auront beaucoup de facilité à venir vers nous et nous vers les autres.

Ainsi, les rayons du plaisir viendront cicatriser les blessures du cœur.

Si nous devions trouver un véritable point de convergence entre les humains, ce serait bien le plaisir.

Nous n'avons pas choisi de naître, mais choisir de vivre, est le choix, le plus précieux et le plus judicieux, que nous puissions faire.

Il y a des sources de déplaisir, dans ce monde, et elles sont nombreuses. Mais ne nous laissons pas prendre au piège de tout ce qui pourra être toxique à notre plaisir.

Et cela commence par notre vocabulaire, à l'écrit, comme à l'oral. Il constitue un vecteur important du plaisir.

C'est aussi en acceptant et en intégrant que nous donnons du ressort et de la durée au plaisir. La positivité et le plaisir sont interdépendants, liés, complices, au même titre que l'amour.

Si ces quelques mots, venus du cœur, vous auront procuré du plaisir et peut-être, en toute humilité, vous auront aidé à réfléchir sur votre propre plaisir, vous ne pouvez pas imaginer le plaisir que vous m'aurez donné.

Avec plaisir !

Le respect, est-il derrière nous ?

Quelques principes sur le respect :

⇨ Le respect, comme la liberté, est LA valeur humaine, par excellence.

⇨ Le respect ne porte pas d'uniforme ; le respect ne joue pas au calife ; le respect n'est pas bardé de médailles et de diplômes ; le respect ne possède pas une fortune à milliards. Le respect est universel, dû à chacun, sans distinction.

⇨ Le respect se mérite et ne peut pas être unilatéral. Pour être respecté, il faut respecter soi-même.

Certains ont tendance à oublier ces principes et à lier le respect à leur position dans la Société. Ainsi, ils sont respectés bien plus pour ce qu'ils représentent que pour ce qu'ils sont vraiment, individuellement et humainement.

Comme la plupart des valeurs humaines, le respect se raréfie dans un monde profondément égoïste et déviant.

« Je suis comme je suis et je n'ai aucune raison de changer. »

La source de l'irrespect est bien là ! Tout en ajoutant qu'il est difficile de respecter, en ne se respectant pas soi-même.

Comment respecter et être respecté, en se regardant le nombril à longueur de temps ?

Comment respecter et être respecté, sans un soupçon d'empathie, d'écoute ?

Comment respecter et être respecté, en choisissant le Paraître à l'Être ?

Le respect s'entretient par mimétisme. Aussi, la responsabilité de chacun dans l'irrespect qui se densifie est à la hauteur de sa passivité à laisser développer autour de lui des situations d'irrespect.

Que devons-nous faire, pour inverser la tendance ou pour la ralentir, dans un premier temps ?

- Rester attentifs à notre propre comportement, car en cherchant bien, nous manquons tous de respect envers autrui, d'une façon ou d'une autre, sans forcément en être conscients ;

- Ne pas réagir émotionnellement face à une situation irrespectueuse, sauf s'il y a atteinte grave à la personne, mais attendre le moment propice pour le faire, avec pédagogie. Personne ne sait changer sous la contrainte et sans comprendre le pourquoi ;

- Travailler sur notre égoïsme et notre façon de voir les autres, de les côtoyer, mais aussi sur nos émotions qui jouent un rôle important dans la formation du respect ou de l'irrespect. Nous faire accompagner est essentiel pour y parvenir ;

- Ne pas rendre coup pour coup. Le faire est régresser, copier les autres et en cela aider à la propagation des non-valeurs ;

- Ne pas être avares de nos efforts pour devenir des exemples, pas des modèles ; des personnes bien éduquées, courtoises et respectueuses ;

- Accepter l'autre tel qu'il est et pas tel que nous voulons qu'il soit ; bien plus facile à dire qu'à faire ;

- Se comporter humainement tout simplement. Nous sommes les bâtisseurs et les acteurs de ce monde. Il est et sera ce que nous en ferons.

Si nous ne portons pas, individuellement, l'étendard des valeurs, des bonnes attitudes, c'est notre la civilisation, toute entière, qui en subira les conséquences.

Acceptons cette nouvelle maladie qu'est l'égoïsme et soignons-la avec énergie.

Ayons l'humilité et la sensibilité, pour guides.

Le respect est immatériel. Et c'est en cela qu'il est à la portée de tous.

Réunissons-nous ; ne tombons pas dans le piège de la division, de la haine, car le respect commence aussi par l'acceptation et par l'intégration. Faire cavalier seul n'est pas la conduite des gens de respect, mais des gens qui oublient bien vite qu'ils ne pourront jamais faire, sans les autres.

❖ 10 commandements du respect, à appliquer soi-même :

1. Je respecte les libertés d'autrui !
2. Je suis à l'écoute !
3. Je sais que rien ne s'obtient sans efforts !
4. Je donne des avis, pas des leçons !
5. Je m'abstiens de critiquer ce que je ne connais pas ; ce que je ne maîtrise pas !
6. Je porte un regard bienveillant !
7. J'avance avec les autres et pas contre les autres !
8. Je vis ma relation au présent, sans décalage !
9. J'évite tout rapport de force !
10. Je respecte les autres dans leur singularité et dans leur dignité !

Enfin, le respect n'est pas derrière nous, mais il a assurément du plomb dans l'aile, avec l'ensauvagement de la Société ; avec la montée de l'ignorance, de la violence, de la haine, de l'intolérance…

« Le respect est le véhicule de toute relation humaine saine. »

Patrick Louis Richard

Essais à la poésie

Les artifices de la gloire

Ses récréations sont solitude,
Lever le doigt pour répondre, son habitude.
De ses rêves, difficile de le soustraire,
À l'école, il n'est pas là pour se distraire.

De devenir le meilleur, il a fait son credo,
Nombreux sont ceux qui lui ont déjà tourné le dos.
De l'indifférence, il nourrit son ambition,
Pour à l'avenir, ne jamais devoir payer l'addition.

Déjà la réussite lui fait la cour,
Mais d'elle, il n'attend point d'amour.
Parce qu'il sait combien la gloire est artifices,
Que rien ne lui sera donné d'office.

Son bonhomme de chemin, il organise bien,
De succès en échecs, du savoir il fait sien.
Se remettant sans cesse à l'ouvrage,
Pour n'avoir jamais, à souffrir de son âge.

Des courbettes, il sait l'hypocrisie,
Ses rêves, il les offre à la poésie.
Pour lui demain n'est pas le lendemain d'hier,
De son présent, il a envie d'être fier.

Les années passent, mais jamais il ne se lasse,
Pour sa fierté, point de tête basse.
Ce qu'il a cherché, il l'a trouvé,
De son potentiel, largement prouvé.

De la gloire, il sait les déboires,
Pas question pour lui d'entrer dans l'histoire.
Juste sa voie, il veut tracer,
Et ses rêves, jamais les effacer.

La mer

La mer est là qui me fascine,
De ses reflets turquoise, l'horizon elle dessine.
Quel délice pour mes yeux de la voir, sur le sable s'étirer,
De ses allées venues, elle se fait désirer.

La mer est là qui me murmure,
De mon bateau, mettre au vent la voilure.
Et par ses flots, me laisser bercer,
Son mystère aller percer.

La mer est là, qui me fait rêver,
À tous ces souvenirs de mon enfance, retrouvée.
Quand depuis ma tente, je courrais la chercher,
Sautant les châteaux de sable, pour ne pas trébucher.

La mer est là qui me délivre,
De mes tourments, tel un bateau ivre.
Et m'invite à la découverte,
De ses sublimes iles désertes.

La mer est là qui m'ensorcelle,
De ses humeurs, parfois cruelles.
Quand elle prend la vie aux marins,
Sans les voir de retour, au petit matin.

L'artiste

Dans le havre de son inspiration, il s'est installé,
À écrire ce qu'il n'aurait su dire, il s'est laissé aller,
Ses mots se posent sur ses feuilles couleur crème,
De tout leur naturel, il les essaime.

Tant de secrets cachés, connaissent la liberté,
À s'accorder harmonieusement, dans sa vérité,
L'artiste est heureux, en ce moment,
Que pour rien au monde, il éviterait le recommencement.

Phrase après phrase, son histoire prend tournure,
Aux personnages de sa vie, il crée des doublures,
Pour que son vécu devienne romance,
Et qu'à son passé, il tire artistiquement la révérence.

Ainsi, il pourra écrire une autre histoire,
Bien réelle cette fois-ci, de cette victoire,
Qu'il aura su remporter sur des années,
À essayer de vivre de son talent inné.

Sans passion, que serait l'artiste,
Un archet sans violoniste,
Sans les artistes, quelle évasion,
Pourrions-nous donner à nos illusions.

Gratitude à toi l'artiste,
Pour notre plus grand bonheur,
Ne quitte jamais la piste.

La vie se métamorphose

Son habit du bonheur, la vie a revêtu,
Ses blessures, ses souffrances, elle a tues.
De l'amour, elle a fait son credo,
À la tristesse, elle a tourné le dos.

La douceur, la grâce, elle a définitivement choisi,
Pour offrir de la réalité, à toutes ses envies.
Du présent, elle égaie ses jours,
À la joie, elle fait la cour.

Ses lèvres aux sourires, elle a ouvertes,
Chacun de ses jours, elle veut découverte.
Avec son talent, elle fait merveille,
À aller plus haut, elle veille.

De ses yeux, plus aucune larme,
À jamais rien ne la désarme.
De la vie à plein poumons, elle respire,
À la tranquillité, à la paix, elle aspire.

Son habit du bonheur, elle ne quittera plus jamais,
Protégée par son ange, qu'elle est désormais.
Ses demains illumineront ses hier,
De ce qu'elle a su devenir, elle sera fière.

Du soleil dans mon cœur

Les hivers, le froid, il ne connait point,
Tristesse et jours de cafard, il laisse loin.
À tous mes instants, il donne des sourires,
Grand mon cœur, il me fait ouvrir.

Jamais aucune de mes larmes, il n'omet de sécher,
Pas un jour de ma vie, il ne veut ébrécher.
Rien n'est pénombre, tout est lumière,
De ses rayons, il exauce mes prières.

Dans mon cœur pour toujours, il s'est installé,
Un jour où mon vague à l'âme s'en est allé.
Lui, le soleil et mon cœur ont fait ami, ami,
Pour que la peur ne soit plus jamais mon ennemie.

Du fond de cœur, il a su puiser l'amour,
Le faire renaître, comme à ses plus beaux jours.
Savoir m'aimer, il m'a joliment appris,
Sinon d'aucun être, je n'aurais pu être épris.

À lui l'allié de mon cœur, j'exprime ma gratitude,
Ô combien il a su donner de la richesse à mes habitudes.
Mes demains et leurs lendemains, il ensoleille,
De sa grande bonté, ma vie il émerveille.

Délices de la vie

La vie naît avec un cri et s'éteint dans un soupir,
Aussi comment ne pas lui donner, un plein de sourires.
Décider de naître ou de mourir, nous n'avons pas choisi,
Mais vivre le bonheur de vivre est notre plus beau défi.

Pour ne jamais regretter de l'avoir vécue trop vite,
Faisons que la joie en permanence nous habite.
Des épreuves, faisons notre apprentissage,
Des succès, nos plus belles images.

Aimons la vie pour qu'elle nous aime,
Donnons-lui parfois des airs de bohème.
Osons chanter sous la pluie, pour faire revenir le beau temps,
Renaissons autant de fois que seront nos printemps.

Allons chercher au fond de nous-mêmes ce talent,
Que la vie nous a donné, pour la mordre à pleines dents.
Apprenons à nous connaître, dans les moindres contours,
Pour donner aux autres l'envie de faire notre détour.

Soyons partout les messagers du bonheur,
Partout agissons, portés par notre cœur.
Au présent profitons de chaque instant,
Pour donner de la lumière, à notre vivant.

Que les ailes du bonheur envolent notre vie,
Que nos rêves alimentent nos envies.

Citations pêle-mêle ou quand le cœur et la raison ne font qu'un !

Les citations que mon cœur m'a inspirées, dans mes moments d'espoir et de doutes :

- ✓ « Quand on ose, on se fait de vrais ennemis. Quand on est hypocrite, on se fait de faux amis. »

- ✓ « La remise en question commence par soi-même, parce qu'il n'est pas possible d'avoir une vision objective, dans un désordre émotionnel. »

- ✓ « Réussir n'est pas avoir la folie des grandeurs, mais de la grandeur dans ses folies. »

- ✓ « Évite de jeter la pierre à l'autre, il peut la ramasser. »

- ✓ « Le futur est une formalité, quand le présent a su tirer les leçons du passé. »

- ✓ « La réussite ne nous donne qu'un seul devoir, celui d'aider les autres à faire de même. »

- ✓ « L'uniformisation à outrance tue la créativité et oublie que chaque être humain brille par ses différences. »

- ✓ « À force de vivre en se regardant le nombril, un jour on se prend un mur en pleine figure. »

- ✓ « Ce qui est navrant avec l'argent, c'est qu'il faut déjà en avoir pour en gagner. »

- « La vie est un train qui a le même terminus pour tous. Découvrons les paysages qu'elle nous fait traverser, sourions aux personnes connues ou inconnues qu'elle nous fait croiser. »

- « La perfection est une imperfection plutôt réussie. »

- « Prendre son temps, c'est gagner du temps sur le temps passé à le perdre. »

- « Le bonheur vient à ceux qui refusent que leur vie soit dictée par les autres. »

- « Pour ne pas mourir idiot, il faut déjà éviter de s'entourer d'imbéciles. »

- « Ceux qui se croient intouchables ont juste oublié que l'obus finit toujours par avoir raison du blindage. »

- « Le soleil brille toujours et durablement pour ceux qui n'ont aucune intention de le remplacer. »

- « Les moyens de communication modernes sont comme les piles, plus nous nous en servons, plus ils nous usent. »

- « Le fruit de l'effort n'est pas une science exacte. Il arrive toujours mais à l'improviste. »

- « Quand on donne tout, on ne regrette rien. Quand on ne regrette rien, on est heureux. »

- « Oui nous n'avons pas besoin des produits chimiques. Nous n'avons pas attendu de les avoir pour bien vivre. »

- « Les gens honnêtes ne seront jamais riches et les gens riches jamais totalement honnêtes. »

- « L'intelligence est humble, à l'écoute, respectueuse, souple, ingénieuse ; mais jamais un moyen d'écraser les autres. »

- « Ceux qui aident vraiment ne le crient pas sur tous les toits. Ils ont cette modestie et cette discrétion qui les honorent. »

- « La normalité enferme les vérités dans des mensonges que l'on fait passer pour des vérités. »

- « La vie est une école qui ne ferme jamais et dont les bancs se transforment en expériences. »

- « La rigueur est une exigence que l'on impose, en premier, à soi-même. »

- « Le sérieux fait rire. Le rire ne fait pas sérieux. »

- « Il ne faut pas se tromper avec les défauts. Tous ne sont pas dénués de qualités. »

- « Un appel au secours ne peut pas être entendu par la raison, mais par le cœur. »

- « Nul ne sait fédérer ; transcender ; faire gagner et gagner, avec une communication irrespectueuse et égocentrique. »

- « Ne jamais oublier que c'est l'arbre qui fait la forêt et non la forêt qui fait l'arbre. »

- « Il y a dans la persévérance cette volonté de ne jamais prendre l'adversité comme une fatalité, mais comme une source de motivation. »

- « Aucune plante ne sait grandir arrosée avec du désherbant. C'est dans l'amour, le respect, la délicatesse, la considération, l'apprentissage, la curiosité, que nous nous épanouissons. »

- « Rien ne sert de mentir, la vérité arrive toujours à point. »

- « Les bons salariés agissent comme si c'était leur propre entreprise ; les bons patrons ne montrent pas que c'est la leur. »

- « Ce qui est à faire ne doit jamais ignorer ce qui a été fait. Ainsi va la reconnaissance. »

- « Les leçons que les autres nous donnent sont bien souvent celles qu'ils ont refusé d'apprendre. »

- « Quand l'indifférence a l'hypocrisie comme excuse, l'Homme atteint les sommets de la honte et de la mesquinerie. »

- « Quand l'argent est au-dessus des lois, les lois sont en dessous de tout. »

- « Les personnes extraordinaires ont cette humilité de toujours aller chercher, au plus profond d'elles-mêmes, la motivation de leurs débuts. »

- « Il y a dans la trahison, une relation manipulée. »

- « La saine popularité est celle qui se construit sur le talent, la singularité et le charisme ; pas celle qui exploite l'ignorance et la naïveté. »

- « Quand avoir un travail devient un luxe, c'est l'échec de tous. »

- « Il y a dans la communication écrite ces interprétations qui ouvrent un large espace à l'émotionnel. Peser ses mots est un acte sage. »

- « La bureaucratie est le refuge de ceux que les réalités du terrain rebutent. »

- « Quand nous nous sentons incompris, seul le regard des animaux lit dans nos pensées. »

- « À la raison, les questions ; au cœur, les réponses. »

- « Le résultat est une combinaison de décisions, de moyens et d'actions. Lorsqu'il n'est pas au rendez-vous, les trois sont en cause. »

- ✓ « La vitrine n'est pas la boutique. Se méfier des apparences, elles sont souvent trompeuses. »

- ✓ « La raison d'avoir honte n'est pas dans le fait d'être riche, mais dans la façon de l'être devenu et dans le comportement adopté une fois devenu. »

- ✓ « Il faut craindre de la peur, plus les conséquences que les causes. »

- ✓ « Il est étrange d'attendre, alors que les meilleures choses arrivent, la plupart du temps, lorsqu'on ne les attend pas. »

- ✓ « Dans un départ, il y a une décision et un vide. À nous de combler ce vide, pour ne pas regretter la décision. »

- ✓ « Éduquer et enseigner ne sont pas bourrer le cerveau de choses à savoir impérativement, mais développer ces automatismes, ces recettes, ces astuces, qui donnent du sens aux actes. »

- ✓ « Ne jamais regarder une main tendue comme un refus, mais comme une immense volonté. »

- ✓ « Les promesses, avec l'argent des autres, ne sont pas des promesses, mais du racket. »

- ✓ « L'argent ne peut indéfiniment fuir la pauvreté, sans s'appauvrir lui-même. »

- ✓ « La communication, c'est comme l'eau dans le Ricard, plus on en rajoute, plus cela ne ressemble à rien. »

- ✓ « Les imprévus sont les épices de la routine. »

- ✓ « C'est en essayant qu'on ajuste ; en ajustant qu'on trouve ; en trouvant qu'on avance ; en avançant qu'on grandit. »

- ✓ « C'est sur le terrain que la vraie vie se passe. »

- « Suivez-moi, je ne sais pas où cela nous mènera. »

- « Les diseurs ne sont pas les faiseurs. Pourtant, ce sont ceux qui tirent bien souvent les marrons du feu. »

- « L'emprise est une prison à l'air libre. »

- « Il n'y a pas de vies écrites, il n'y a que des vies à écrire. »

- « J'ai poussé la porte entrouverte, les chuchotements se sont tus. J'existe ! »

- « Nous soumettre ou nous démettre, cela jamais. Nous démettre de la soumission, cela toujours. »

- « La colère est l'émotion la plus paradoxale. Elle peut autant faire de bien que de mal. »

- « Le naturel n'a pas besoin de marketing, de packaging, de lobbying. Il est son propre label. »

- « Quand nous agissons positif, nous attirons des gens positifs : la loi de la positivité. »

- « Les personnes magnifiques se manifestent dans les moments qui ne le sont pas. »

- « Le plus beau métier du monde : apprenti de la vie. »

Conclusion

S'il y a des plaisirs inoubliables dans la vie, réunir, pour vous et moi ici en un seul et même *« espace de mots »*, ce qui a été pour moi de magnifiques expériences humaines dans le monde virtuel, en est un.

Toujours un peu triste quand il faut dire au revoir, quand il faut mettre trois petits points à la fin d'une histoire.

Mais quand la vie est dans le partage ; quand la vie est dans la transmission de l'expérience et du savoir, avec humilité comme elle a su se construire et se dérouler ; quand la vie est à l'écoute d'autres vies, rien ne s'arrête vraiment, si nous ne le décidons pas.

À bientôt pour de nouvelles aventures !

À bientôt pour de nouvelles rencontres !

À bientôt pour être et vivre !

Remerciements

Un grand merci à mes relations et à mes amis du monde virtuel.

Un grand merci à celles et ceux qui ont lu, apprécié et commenté, mes publications, mes citations, sans oublier celles et ceux qui les ont trouvées parfois virulentes, brutes de décoffrage, plutôt directes.

Avec vous, j'ai appris !

Avec vous, j'ai grandi !

Avec vous, j'ai fait et continue de faire ce que la vie a su me révéler, à savoir écrire pour inspirer ; écrire pour aider ; écrire pour transmettre ; écrire pour soutenir ; écrire pour soulager ; écrire pour dire mes vérités.

Chaleureusement.

Patrick Louis Richard

À propos de l'auteur

Natif de ce beau pays qu'est le Maroc, depuis ma petite enfance, les comportements n'ont pas manqué d'éveiller ma curiosité ; ceux-ci étant, de mon point de vue, de justes révélateurs de la personnalité.

Sensible et persévérant, j'ai beaucoup appris de la vie à travers ma relation avec les autres. Toutefois, je me suis oublié, pendant de longues années, avant d'accomplir la retraite, introspective et spirituelle, qui m'a permis de remédier, en particulier, à un sérieux manque d'assurance et d'attentions à mon égard.

Échanger avec des personnes, connues ou rencontrées par hasard, m'a aidé à porter un regard différent sur le monde dans lequel je vis. Plusieurs d'entre elles ont apprécié mon altruisme et la façon dont il se manifestait, par le biais de chroniques ou de citations publiées sur les réseaux sociaux. Certaines m'ont suggéré d'écrire un livre, ce que j'ai fait avec beaucoup d'émotion et d'application.

Ainsi est né mon premier livre « *La culture du Client* », fruit de quarante années consacrées à la satisfaction du Client, mais aussi à organiser, à diriger, à redresser, en tant que salarié ou consultant, tout type de structure, en France et à l'international.

D'autres ont suivi. Des essais, des contes, des romans, des recueils ; résultats d'une écriture spontanée où les mots s'alignent, dictés par mon cœur et par la richesse de mon parcours. Auteur libre et engagé, je dis ce que je pense et pense ce que je dis.

Belle découverte de mes ouvrages. N'hésitez pas à laisser un avis à l'issue de vos lectures, il est précieux.

www.ingramcontent.com/pod-product-compliance
Lightning Source LLC
Chambersburg PA
CBHW052330220526
45472CB00001B/346